JLPT 文字・語彙 N3

ポイント & プラクティス

本田ゆかり・前坊香菜子・菅原裕子・関裕子　著

Vocabulary
文字・词汇
Từ vựng

スリーエーネットワーク

Published by 3A Corporation.
Trusty Kojimachi Bldg., 2F, 4, Kojimachi 3-Chome, Chiyoda-ku, Tokyo 102-0083, Japan

ISBN978-4-88319-881-8 C0081

First published 2021
Printed in Japan

はじめに

「JLPT ポイント＆プラクティス」シリーズ

　日本語能力試験（Japanese-Language Proficiency Test）は、日本語を母語としない人の日本語能力を測定し認定する試験です。日本語の能力を証明する手段として、進学・就職・昇給昇格・資格認定など様々な場面で活用されており、日本語能力試験合格は多くの学習者の目標になっています。

　日本語能力試験は 2010 年に、受験者やその目的の多様化、活用の場の広がりなどを受けて、「課題遂行のための言語コミュニケーション能力」を測る試験として内容が大きく変わりました。しかし、膨大な言語知識を学び、その運用力を高めることは簡単ではありません。中でも非漢字圏の出身者や、勉強時間の確保が難しい人にとっては、合格までの道のりは非常に困難なものであることが少なくありません。

　本シリーズは、受験者の皆さんが、試験に必要な最低限の力を短期間で身につけ、合格に近づけるよう考えられた対策問題集です。厳選された学習項目について問題を解きながら理解を深め、力をつけることを目指します。

　本書では、N3 レベルの「文字・語彙」を学びます。

本書の特長

①最重要語彙を厳選
②語彙と漢字が効率よく一緒に学べる
③解説付きで独習にも最適

　本書は、著者の研究成果やことばのデータベースを統計分析した結果に基づき、試験に出されやすい語彙を厳選しています。その中でも汎用性の高い語彙を取り上げましたので、試験対策のみならず広い意味での語彙力の強化にも役立つ一冊となっています。漢字は取り上げた語彙に使われる漢字を一緒に学ぶので、漢字が苦手な学習者にも負担が軽く、効率よく学習を進めることができます。問題は、主に本試験と同じ形式の良質な練習問題で、わかりやすい解説が付いています。翻訳も付いており、独習教材としても最適です。最重要ポイントをまとめた本書を、役立てていただければ幸いです。

2021 年 6 月　著者

目次
もくじ

	問題パート もんだい Questions part 试题篇 Phần câu hỏi	リストパート List part 知识点列表篇 Phần danh mục

日本語能力試験 N3「文字・語彙」の紹介

●試験のレベル　初級　N5　N4　**N3**　N2　N1　　上級

　日本語能力試験は、N5〜N1の5レベルです。
　N3は、中間のレベルで、「日常的な場面で使われる日本語をある程度理解することができる」かどうかを測ります。

● N3の試験科目と試験時間

科目	言語知識（文字・語彙）	言語知識（文法）・読解	聴解
時間	30分	70分	40分

● N3の「文字・語彙」問題

	大問	小問数	ねらい
1	漢字読み	8	漢字で書かれた語の読み方を問う
2	表記	6	ひらがなで書かれた語が、漢字でどのように書かれるかを問う
3	文脈規定	11	文脈によって意味的に規定される語が何であるかを問う
4	言い換え類義	5	出題される語や表現と意味的に近い語や表現を問う
5	用法	5	出題語が文の中でどのように使われるのかを問う

　「小問数」は毎回の試験で出題される小問数の目安で、実際の試験での出題数は多少異なる場合があります。また、「小問数」は変更される場合があります。

● N3 の得点区分と合否判定

得点区分	得点の範囲	基準点	合格点／総合得点
言語知識（文字・語彙・文法）	0 ～ 60 点	19 点	
読解	0 ～ 60 点	19 点	95 点／180 点
聴解	0 ～ 60 点	19 点	

総合得点は 180 点で、95 点以上で合格です。ただし、「言語知識（文字・語彙・文法）」「読解」「聴解」の 3 つの得点区分でそれぞれ 19 点以上必要です。総合得点が 95 点以上でも、各得点区分で 1 つでも 18 点以下があると不合格です。

日本語能力試験公式ウェブサイト（https://www.jlpt.jp/）より抜粋

詳しい試験の情報は、日本語能力試験公式ウェブサイトでご確認ください。

この本をお使いになる方へ

1. 目的

厳選された語彙と漢字を覚え、試験合格に必要な最低限の力を身につける。

2. 構成

①本冊

●問題パート

本試験と同形式の問題のみの回と、本試験の形式とは異なる「やってみよう」という問題がある回があります。

やってみよう：「やってみよう」はことばを理解して覚えるのに役立つ練習問題です。

1. 文脈規定
2. 言い換え類義
3. 用法
4. 漢字読み
5. 表記

まず問題を解いてみて、どのぐらいのことばや漢字を知っているか確認してみましょう。

●模擬試験

本試験1回分の模擬試験です。本書で学習したことばと漢字が使われています。時間（30分）を測って、どのぐらいできるか試してみましょう。

●リストパート

リストパートには、「ことば」と「漢字」のリストがあります。ことばリストには、問題に使われていることばの例文と翻訳がついています。漢字リストにはその回で覚える漢字と、その漢字を使ったことばが載っています。漢字の読みは、カタカナで音読みを、ひらがなで訓読みを示しました。問題を解いた後に確認して、わからないことばがあればよく覚えておきましょう。

②別冊

●解答・解説

問題の答えと解説は、別冊になっています。正答の文と、N3レベルを受験する学習

者のみなさんにとって難しい言葉には翻訳も付けてありますので、解説を読みながら自分で勉強を進めることもできます。ぜひ、活用してみてください。

3. 凡例

【リスト】 ⅠⅡ 動詞のグループ　　　★ 特に重要な言葉
　　　　　 ≒ 似た意味の言葉　　　⬌ 反対の意味の言葉　　　➡ 関係のある言葉
　　　　　 ⾃ 自動詞　　　　　　　他 他動詞
【別　冊】 ➡ リスト参照先　　　　✦ 補足説明

4. 表記

　基本的に常用漢字表（2010年11月）にあるものは漢字で表記しました。ただし、著者の判断でひらがな表記にしたほうがいいと思われるものは例外としてひらがなにしてあります。

　問題パートでは、旧日本語能力試験2級以上の漢字を含む語彙に、また、リストパートと別冊の解答・解説では、すべての漢字にふりがなをつけました。

5. 独習の進め方、学習時間

　まず、問題を先にやってみましょう。1回分の問題は、10分程度で解けるように練習してみてください。次に、解答・解説を見て答えをチェックし、最後に、リストを見ながらことばの意味や使い方、漢字の書き方や読み方について詳しく見てみましょう。つまり、問題→解答・解説→リストという順番で進みます。リストが後ろについているのはそのためです。リストは話題や場面ごとにことばがまとまっていますので、ことばがその話題や場面の中でどんな例文といっしょに使われるのか考えたり、似た意味や反対の意味のことばなどを関連付けたりしながら覚えていくと効果的です。

　しかし、もし問題が難しすぎると感じたら、リストを先に見て覚えてから、問題を解いてみるという順番で進めてもいいでしょう。その場合は、リスト→問題→解答・解説という順番で見ていきます。

For users of this book

1. Purpose

Memorize all selected vocabulary and *kanji* you need to gain the minimum skill-set for passing the examination.

2. Structure

①Main textbook

●Questions part

Some sections comprise only questions using the same format as in the actual examination, while the other sections comprise やってみよう (Let's give it a try)–type questions that differ from those in the examination.

やってみよう: Practice questions that help you to understand words and remember them.

1. Contextually-defined expressions
2. Paraphrases
3. Usage
4. *Kanji* readings
5. Orthography

First have a go at the questions, and check how many words and *kanji* you know.

●Mock test

A mock examination question set, with the same number of questions as in the actual examination, which uses words and *kanji* studied in this text book. Spend 30 minutes on it and see how well you do.

●List part

This part comprises lists of ことば and 漢字. In each list of words are included example sentences featuring the words used in the questions, along with their translation. In the *kanji* lists are *kanji* to be memorized in this section and words using these *kanji*. For *kanji*, *katakana* are used for *onyomi* and *hiragana* for *kunyomi* readings. Check up after you have answered the questions, and memorize any words you do not understand.

②Annex

●Answers and explanations

The answers to the questions and related explanations are given in the Annex. Because translations are also included for answer sentences and for more difficult words for students taking N3-level examinations, you can continue studying independently reading the explanations. Be sure to make use of this option.

3. Explanatory notes

[List] I II Verb group   ★ Particularly important words

⊜ Words with similar meanings   ⊖ Words with the opposite meaning

⊙ Words that are related   🈡 Intransitive verb   🈢 Transitive verb

[Annex] ➜ References   ⇴ Further explanations

4. Orthography

Kanji are basically used as indicated in the *Joyo Kanji* table for November 2010. However, exceptionally, *hiragana* are used in cases where authors believe they would be more appropriate.

In the Questions part, *furigana* are used for all *kanji* in the vocabulary including at the old Japanese Language Proficiency Test Level 2 and higher, and for all *kanji* used in the List part and explanations in the Annex.

5. Promoting self-study, and time allocation

Go over the questions first. Try to be able to answer questions in each section in **around 10 minutes**. Next, check the answers while looking at the explanations, and finally, while going over the list, try to look carefully at the meaning and usage of words, and the way *kanji* are written and read. In other words, you should follow the order Questions → Answers/Explanations → List. That is why the list is at the end, as it groups words for specific themes and scenes. In the memorization process, it is helpful to consider what example sentences the word is used with in the context of topic and scenario, and to relate it to words with similar or opposite meanings to each other.

However, if you feel that a question is too difficult, it is also okay to go through the list first and then try to answer the questions. If you do that, you should follow the order List → Questions → Answers/Explanations.

致本书使用者

1. 编写目的

记住严格筛选的词汇和汉字，具备通过考试所需的最低限度的能力。

2. 内容结构

①本册

●试题篇

有的课收录的试题全是和正式考试题型完全相同的，有的课收录的试题叫作"やってみよう（试试看）"，与正式考试题型不同。

やってみよう：是本教材原创的试题题型，有助于理解和记忆词汇。

1. 前后关系
2. 近义替换
3. 用法
4. 汉字读法
5. 汉字书写

首先做题，来检测自己掌握了多少个词汇或者汉字。

●模拟题

相当于正式考试一次考试的题量。考查的是本书学习过的词汇和汉字。计时（30 分钟）看看自己能答对多少道题。

●知识点列表篇

知识点列表篇有"ことば"和"漢字"列表。词语列表中列有试题中出现过的词语的例句和译文。汉字列表列有本课需要记忆的汉字以及由该汉字构成的词语。用片假名标记汉字的音读方式，用平假名标记汉字的训读方式。做完题后请自己核对，如果有没有学习过的词语请好好记住。

②别册

●答案·解析

答案·解析放在别册中。正确答案的句子以及对于参加 N3 级考试的学习者来说难度较大的词汇也都附有译文，所以大家可以边阅读解析边自学。请大家一定好好使用。

3. 范例

【列表】　ⅠⅡ　动词的分类　　★　特别重要的词语

　　　　　⊜　近义词　　⇔　反义词　　➡　关联词

　　　　　⾃　自动词　　⑭　他动词

【别册】　➡　参考页码　　✈　补充说明

4. 书写规则

本书基本上在常用汉字列表（2010 年 11 月版）范围内的汉字都用汉字书写。但是作为例外情况，作者认为应该用平假名书写的地方是用平假名书写的。对于试题篇中包含旧日语能力考试 2 级水平以上的汉字的词汇，以及知识点列表篇和别册的答案·解析中的所有汉字都标注了读音假名。

5. 自学学习方法、学习时间安排

首先做试题。一课的试题请用 10 分钟左右解答。然后阅读答案·解析核对答案。最后阅读知识点列表，详细学习词汇的意义和用法、汉字的写法和读法等。也就是说，按照"试题→答案·解析→知识点列表"这一顺序推进学习。因此，知识点列表放在了后面。知识点列表按照话题和使用场景分类归纳，边记忆边思考该词汇在相关话题或者场景中会应用在什么样的例句中、或者该词汇的近义词和反义词是什么等等，这样学习才有效果。

但是，如果感觉试题难度过大的话，也可以先阅读、记忆知识点列表，然后解答试题。这样的话，也就是按照"知识点列表→试题→答案·解析"这一顺序推进学习。

Dành cho người dùng sách này

1. Mục đích

Ghi nhớ các từ vựng và Hán tự đã được tuyển chọn, đạt được năng lực tối thiểu cần thiết để thi đậu.

2. Cấu trúc

①Sách chính

●Phần câu hỏi

Bao gồm bài chỉ có các câu hỏi cùng dạng thức với đề thi thật và bài có các câu hỏi "やってみよう (Làm thử)" khác dạng thức với đề thi thật.

やってみよう: Là các câu hỏi luyện tập hữu ích cho việc hiểu và ghi nhớ từ vựng.

1. Cách diễn đạt tùy vào văn cảnh

2. Cách diễn đạt gần nghĩa

3. Cách dùng từ

4. Cách đọc Hán tự

5. Ký tự

Trước hết bạn hãy giải thử các câu hỏi để kiểm tra xem mình biết được bao nhiêu từ vựng và Hán tự.

●Bài thi thử

Bài thi thử dài bằng một bài thi thật, trong đó có các từ vựng và Hán tự bạn đã học trong sách này. Hãy canh thời gian (30 phút) và làm thử, xem mình giải được đến đâu.

●Phần danh mục

Trong phần này có danh mục "ことば" và "漢字". Ở danh mục từ vựng có câu ví dụ và bản dịch nghĩa cho những từ vựng được sử dụng trong phần câu hỏi. Còn ở danh mục Hán tự là các Hán tự bạn vừa học trong bài, cùng với những từ vựng có sử dụng các Hán tự đó. Về âm đọc của Hán tự, âm On được ghi bằng katakana và âm Kun được ghi bằng hiragana. Sau khi giải xong các câu hỏi hãy kiểm tra lại, nếu có từ nào chưa hiểu thì ghi nhớ thật kỹ.

②Phụ lục

●Đáp án và giải thích đáp án

Đáp án và giải thích đáp án được in ở Phụ lục. Các câu trả lời đúng và từ vựng khó đối với người học ôn thi trình độ N3 được in kèm bản dịch nghĩa, nên bạn có thể vừa đọc phần giải thích đáp án vừa tự mình học tiếp. Rất mong bạn tận dụng được chúng.

3. Chú thích

【Danh mục】 I II Nhóm của động từ ★ Từ vựng đặc biệt quan trọng

⊜ Từ cùng nghĩa ⬄ Từ trái nghĩa ➡ Từ có liên quan

🔁 Tự động từ 🔁 Tha động từ

【Phụ lục】 ➡ Chỗ đối chiếu ✈ Giải thích bổ sung

4. Ký tự

Về cơ bản, chúng tôi ghi những chữ có trong bảng Hán tự thông dụng (11/2010) bằng Hán tự. Tuy nhiên, những chỗ tác giả cho rằng ghi bằng Hiragana dễ hiểu hơn thì được xem như ngoại lệ và thể hiện bằng Hiragana.

Còn với những từ vựng có chứa Hán tự thuộc trình độ 2kyu trở lên của kỳ thi năng lực Nhật ngữ cũ trong phần câu hỏi, hoặc với Hán tự trong Phần danh mục cũng như Đáp án và giải thích đáp án ở Phụ lục thì chúng tôi phiên âm toàn bộ.

5. Cách tự học, thời gian học

Trước hết hãy thử giải các câu hỏi. Cố gắng luyện tập để có thể giải phần câu hỏi của một bài trong **khoảng 10 phút**. Tiếp theo là xem phần Đáp án và giải thích đáp án để kiểm tra câu trả lời. Cuối cùng, vừa tham khảo phần danh mục vừa xem kỹ ý nghĩa, cách dùng của từ vựng cũng như cách đọc, cách viết của Hán tự. Tóm lại là đi theo thứ tự Câu hỏi → Đáp án và giải thích đáp án → Danh mục. Phần danh mục được đặt ở phía sau sách là vì mục đích đó. Vì trong Danh mục, từ vựng được tổng hợp theo từng chủ đề hoặc tình huống, nên sẽ rất hiệu quả nếu bạn vừa học vừa suy nghĩ xem từ vựng được dùng với câu ví dụ như thế nào trong chủ đề, tình huống đó, hay là liên kết từ vựng với từ cùng nghĩa, từ trái nghĩa.

Tuy nhiên, nếu bạn cảm thấy có câu hỏi nào quá sức mình thì cũng có thể tiến hành học theo thứ tự xem Danh mục trước để nhớ rồi mới giải câu hỏi. Trong trường hợp này, thứ tự học sẽ là: Danh mục → Câu hỏi → Đáp án và giải thích đáp án.

この本をお使いになる先生へ

1. 教室授業の進め方、学習時間

　本書では、はじめから試験形式の問題を解き、後で語彙や漢字をリストで確認します。このように進めると、試験のような緊張感のなかで習ったことばを思い出そうとし、知らないことばには特に注意を向けますので、既有知識の整理、知らない語彙や漢字への気づき、理解、記憶がスムーズに進みます。

　学習時間は、各回を 45 分程度で進めていくことを想定していますが、学習者の学習速度や理解度に合わせて調整してください。問題とリストの確認を宿題にして、教室では必要な部分に絞って説明を加えるという使い方をすれば、1 回を 20 分程度の短時間で行うこともできます。

●問題を解く（目安：10 分程度）

　時間を測って問題を解きます。問題文中の語彙はターゲットとなる語彙以外は基本的にN3 レベルより易しい語彙・漢字に制限されているので、N3 の受験を目指す学習者であれば無理なく問題を解くことができるでしょう。

●解答・解説

　次に、問題の解答をチェックし、解説をしていきます。この時、リストを参照しながら言葉の意味や使い方を確認してもよいでしょう。

●リストで語彙・漢字項目とポイントを確認する

　最後に、リストでその回で扱われた語彙や漢字のうち、既に知っている項目はどれか、また新しく学習したのはどれかをチェックして、それぞれの語の意味や使い方、漢字の書き方と読み方等を確認します。

2. 教える時のポイント

●「用法」の問題（正しい使い方を選ぶ問題、本書の問題 3）はターゲットとなる語の意味を知っているだけでは解けない場合が多いので、解説を行う際に例文を補ったりしながら、その語の使い方（その語の意味範囲や一緒に使われる言葉に関する規則等）を丁寧に

説明してください。学習者に答えの理由を考えさせ、説明させてもいいでしょう。

●リストで語彙知識の確認を行う際には、ターゲットとなる語に関連する類義語、反意語、コロケーション（一緒に使われやすいことば）、自動詞と他動詞等も、学習者が既に知っていることを中心に整理すると学習効果が高まります。漢字についても、その漢字が使われる既習語彙をまとめたりするとよいでしょう。リストで提示する語彙や漢字は、試験に出そうかどうかという基準のもとに厳選されており、テーマに沿った項目が網羅されているわけではありません。各回のテーマに関連する既習項目が他にあれば示し、学習者の知識のネットワーク作りを補助していくと、理解や記憶の強化につながります。

●動詞は、一緒に使う助詞にもフォーカスして指導しましょう。

●抽象度の高い語彙や、副詞や動詞等の意味や使い方の難しい語彙は、学習者の理解度に応じて例文を補ってください。例文は、ターゲット語以外は既習語彙で作成すると学習者にとって負担が軽く、理解しやすくなります。

このシリーズでは、学習に合わせて、忍者と一緒に日本各地を旅します。「文法」「文字・語彙」「読解」「聴解」を合わせて学習することで、日本一周ができます。

「文字・語彙」では「近畿・四国・中国地方」を旅します。

In this series, you will travel around Japan with a ninja as you learn. You can go around Japan as you study "grammar", "vocabulary", "reading", and "listening".

With the "vocabulary", you will travel to the Kinki, Shikoku and Chugoku region.

在本系列丛书，伴随着学习，大家和忍者一起到日本各地旅行。学完"语法""文字・词汇""阅读""听力"可以游遍全日本。

在"文字・词汇"单册到"近畿・四国・中国地区"旅行。

Trong bộ sách này, bạn sẽ được cùng ninja đi du lịch các nơi trên nước Nhật tương ứng với việc học của mình. Bằng việc học đủ "Ngữ pháp", "Từ vựng", "Đọc hiểu", "Nghe hiểu", bạn sẽ được đi vòng quanh Nhật Bản.

Trong sách "Từ vựng", bạn sẽ chu du "khu vực Kinki, Shikoku và Chugoku".

問題パート

<ruby>問題<rt>もんだい</rt></ruby>パート

Questions part
试题篇
Phần câu hỏi

1 回目 生活（1） —わたしの一日—

Living 1: My daily routine
日常生活（1）我的一天
Cuộc sống 1: Một ngày của tôi

リスト　p.70

やってみよう　正しいほうをえらびなさい。

1) 今日は1日ゆっくりと（　暮らす　過ごす　）つもりだ。

2) 友達といっしょに楽しい時間を（　過ぎた　過ごした　）。

3) 赤ちゃんが（　のんびり　ぐっすり　）眠っている。

I. （　　　）に入れるのに最もよいものを、一つえらびなさい。

1) 昨日、（　　　　）高校のときの友達と町で会った。

　1　ぐうぜん　　　　2　ときどき　　　　3　ふだん　　　　4　たまに

2) 1か月の仕事の（　　　　）を手帳に書いた。

　1　ジョギング　　2　スケジュール　　3　ドライブ　　4　エレベーター

3) （　　　　）寝ていたので、地震に気づかなかった。

　1　ぐっすり　　　　2　やっぱり　　　　3　しっかり　　　　4　はっきり

4) 彼女は教室の前で（　　　　）、ポスターを見た。

　1　集まって　　　2　うかがって　　　3　立ち止まって　　4　取り替えて

5) 姉は目立つのが好きで、いつも派手な（　　　　）をしている。

　1　都合　　　　　2　洋服　　　　　3　服装　　　　　4　具合

2. ＿＿＿＿に意味が最も近いものを、一つえらびなさい。

1) 今日は夜遅くまで残業して、とてもくたびれた。

　1　忙しかった　　2　大変だった　　3　疲れた　　4　困った

2) 将来、大きい家を建てて、家族といっしょに暮らしたい。

　1　過ごしたい　　2　生活したい　　3　世話したい　　4　引っ越ししたい

3. つぎのことばの使い方として最もよいものを、一つえらびなさい。

1) 中古

1 この服は姉の中古だけど、気に入っている。
2 これは中古の缶詰だから、早く食べよう。
3 先週買った野菜が中古になったので、捨てた。
4 卒業した先輩に中古の冷蔵庫をもらった。

2) のんびり

1 休みなので、家族で公園をのんびり散歩した。
2 大切な書類なので、のんびり丁寧に書いた。
3 緊張しないで、のんびり面接を受けることができた。
4 道が混んでいて、車がのんびり動いている。

4. ＿＿＿＿のことばの読み方として最もよいものを一つえらびなさい。

1) 提出する前に、もう一度答えを確認してください。

1 かくにん　　　　2 たくにん　　　　3 かくいん　　　　4 たくいん

2) 疲れて、気持ちが悪くなった。

1 おくれて　　　　2 つかれて　　　　3 ぬれて　　　　4 よごれて

3) 自分が間違っていることを認めた。

1 たしかめた　　　2 まとめた　　　　3 みとめた　　　　4 やめた

5. ＿＿＿＿のことばを漢字で書くとき、最もよいものを一つえらびなさい。

1) 赤ちゃんがベッドでねむっている。

1 寝って　　　　　2 眠って　　　　　3 眼って　　　　　4 定って

2) かこの歴史からいろいろなことを知ることができる。

1 過去　　　　　　2 週去　　　　　　3 近去　　　　　　4 通去

2 回目
生活（2）―家をきれいにする―
Living 2: Cleaning the home
日常生活（2）打扫卫生
Cuộc sống 2: Dọn dẹp nhà cửa

リスト　p.71

やってみよう　正しいほうをえらびなさい。

1)　雨が降って、バケツに水が（　たまって　ためて　）いた。

2)　チーズとハムを（　重なって　重ねて　）、パンにはさんだ。

3)　家の前に止まっている車を（　動いて　動かして　）ください。

I.　（　　　）に入れるのに最もよいものを、一つえらびなさい。

1)　ここにある本を（　　　　）整理して、本棚に並べてください。

　　1　きちんと　　　　　2　しばらく　　　　　3　すっきり　　　　　4　ぐっすりと

2)　牛乳を（　　　　）ようにゆっくり飲みなさい。

　　1　おとさない　　　　2　ためない　　　　　3　こぼさない　　　　4　まぜない

3)　同じお皿はここに（　　　　）、置いておいてください。

　　1　植えて　　　　　　2　重ねて　　　　　　3　座って　　　　　　4　のって

4)　手が（　　　　）ので、あの本を取ってください。

　　1　さわらない　　　　2　届かない　　　　　3　通らない　　　　　4　登らない

5)　古い新聞と雑誌をひもで（　　　　）捨てる。

　　1　かさねて　　　　　2　しばって　　　　　3　ためて　　　　　　4　ぬいて

2.　＿＿＿＿に意味が最も近いものを、一つえらびなさい。

1)　帰る前に、机の上をきれいに整理した。

　　1　かたづけた　　　　2　そうじした　　　　3　ふいた　　　　　　4　ならべた

2)　この部屋にあるごみをまとめて、捨ててください。

　　1　まっすぐにして　　2　ひとつにして　　　3　ひろって　　　　　4　わけて

4

3. つぎのことばの使い方として最もよいものを、一つえらびなさい。

1) 抜く

1　仕事が終わったので、ネクタイを抜いた。

2　休みの日に、伸びた草を抜いたら、庭がすっきりした。

3　木から抜いたりんごを食べたら、とてもおいしかった。

4　棚からフォークを抜いて、テーブルに並べてください。

2) 分類

1　テストの点がいい学生から順に分類して、クラスを決めた。

2　二つの町を分類しているのは、この大きい川です。

3　ここにある紙を色で分類して、まとめておいてください。

4　ケーキを同じ大きさに分類して切るのは難しい。

4. ＿＿＿＿のことばの読み方として最もよいものを一つえらびなさい。

1) 床をきれいに掃除した。

1　かべ　　　　　2　たな　　　　　3　にわ　　　　　4　ゆか

2) 昨日と同じ場所で会いましょう。

1　ばしょう　　　2　ばしょ　　　　3　ばあしゅう　　　4　ばしゅ

3) 子どもたちと、花を植えた。

1　うえた　　　　2　おぼえた　　　3　かぞえた　　　　4　くわえた

5. ＿＿＿＿のことばを漢字で書くとき、最もよいものを一つえらびなさい。

1) この本をすててください。

1　使てて　　　　2　拾てて　　　　3　借てて　　　　4　捨てて

2) 結婚したら、温かいかていを作りたい。

1　家庭　　　　　2　家店　　　　　3　家床　　　　　4　家底

3
回目

生活（3）―料理・洗濯―
せいかつ　　　　　　　　　りょうり　せんたく

Living 3: Doing the cooking and laundry
日常生活（3）做饭、清洗
Cuộc sống 3: Nấu ăn / Giặt giũ

リスト p.72

1. （　　　）に入れるのに最もよいものを、一つえらびなさい。

1) ワインをこぼしてしまって、白い服に（　　　　）をつけてしまった。

1　あじ　　　　　　2　けが　　　　　　3　しみ　　　　　　4　てん

2) 卵と砂糖をよく（　　　　）、バターを少しずつ入れてください。
　たまご　さとう

1　集めたら　　　　2　かき混ぜたら　　3　はさんだら　　　4　注いだら
　　　　　　　　　　　　　ま

3) 靴が汚れたので、きれいに（　　　　）。
　くつ

1　しまった　　　　2　ほした　　　　　3　まとめた　　　　4　みがいた

4) このコーヒー豆はインドネシア（　　　　）です。

1　作　　　　　　　2　産　　　　　　　3　生　　　　　　　4　品

5) 洗濯物を（　　　　）けど、雨なのでなかなか乾かない。
　せんたくもの　　　　　　　　　　　　　　　　　　かわ

1　かけた　　　　　2　ふいた　　　　　3　ほした　　　　　4　とれた

2. ＿＿＿に意味が最も近いものを、一つえらびなさい。

1) いつも母といっしょに食事の支度をしている。
　　　　　　　　　　　　　したく

1　買い物　　　　　2　準備　　　　　　3　整理　　　　　　4　注文
　　　　　　　　　　　じゅんび　　　　　せいり

2) 帰る前に、机の上にある物をしまっておいてください。
　　　　　つくえ

1　おいて　　　　　2　かたづけて　　　3　くわえて　　　　4　なくして

3. つぎのことばの使い方として最もよいものを、一つえらびなさい。

1) 量る
　はか

1　毎日、使ったお金をノートに書いて、量っている。
　　　　　　　　　　　　　　　　　　　　　はか

2　ケーキを作るときは、きちんと小麦粉を量ってください。
　　　　　　　　　　　　　　　こむぎこ　はか

3　結婚式に誰を招待するか、二人で量っている。
　けっこんしき　だれ　しょうたい　　　　　　はか

4　テストで正しく答えられた問題を量ったら、8つだった。
　　　　　　　　　　　　　　　　　はか

2) 沸騰

1 スープが沸騰する前に、火を止めてください。

2 今日は気温が沸騰していて、とても暑い。

3 風邪をひいたようで、熱が沸騰してきた。

4 人気歌手のコンサートでみんなとても沸騰している。

4. _____のことばの読み方として最もよいものを一つえらびなさい。

1) この豆のスープはおいしいので、よく作ります。

1 こめ　　　　　2 さかな　　　　　3 にく　　　　　4 まめ

2) 塩を加えると、もっとおいしくなります。

1 かえる　　　　2 くわえる　　　　3 つかえる　　　　4 むかえる

3) ここは汚いので、となりの部屋に行きませんか。

1 うるさい　　　2 きたない　　　　3 くらい　　　　4 せまい

4) 玄関に傘を干した。

1 おとした　　　2 さした　　　　　3 ほした　　　　4 かえした

5. _____のことばを漢字で書くとき、最もよいものを一つえらびなさい。

1) うちの猫が子猫を3匹うんだ。

1 産んだ　　　　2 育んだ　　　　　3 出んだ　　　　4 始んだ

2) 電車がこんでいて、座ることができなかった。

1 混んで　　　　2 乗んで　　　　　3 運んで　　　　4 過んで

3) 手についたよごれがなかなか落ちない。

1 所れ　　　　　2 汚れ　　　　　　3 届れ　　　　　4 疲れ

4) 今日の勉強会にさんかした人は、少なかった。

1 参切　　　　　2 参回　　　　　　3 参加　　　　　4 参家

やってみよう 正しいほうをえらびなさい。

1) そのイベントは（ 延期 中止 ）になり、来月行われる。
   えんき　ちゅうし

2) 山の上から（ すばらしい 立派な ）景色を見た。
   りっぱ　けしき

I. （　　　）に入れるのに最もよいものを、一つえらびなさい。

1) この小説に（　　　　）する女性のようになりたい。
   じょせい
   1 参加 　　 2 出席 　　 3 登場 　　 4 共通
   さんか　　しゅっせき　　とうじょう　　きょうつう

2) 日本の文化や（　　　　）にとても興味がある。
   ぶんか　　きょうみ
   1 演奏 　　 2 芸術 　　 3 世界 　　 4 才能
   えんそう　　げいじゅつ　　せかい　　さいのう

3) あれは70年前に（　　　　）された歴史のある美術館だ。
   れきし　びじゅつかん
   1 計画 　　 2 建築 　　 3 生産 　　 4 準備
   けいかく　　けんちく　　せいさん　　じゅんび

4) 毎年、国際交流の（　　　　）に参加している。
   こくさいこうりゅう　　さんか
   1 イベント 　　 2 チャンス 　　 3 タイプ 　　 4 ピアノ

5) あの歌手は、歌だけではなく、ピアノの（　　　　）も上手だ。
   1 演奏 　　 2 活動 　　 3 技術 　　 4 進行
   えんそう　　かつどう　　ぎじゅつ　　しんこう

2. ＿＿＿＿＿に意味が最も近いものを、一つえらびなさい。

1) 将来、作家になりたいと思っています。
   しょうらい
   1 家を作る人 　　　　　　　　 2 ピアノをひく人
   3 小説を書く人 　　　　　　　 4 料理を作る人

2) 田中さんのスピーチは、本当に立派だった。
   たなか　　ほんとう　りっぱ
   1 たのしかった 　　　　　　　 2 うれしかった
   3 おもしろかった 　　　　　　 4 すばらしかった

3. つぎのことばの使い方として最もよいものを、一つえらびなさい。

1) 延期

1 雨のため、今日の試合はあしたに延期します。

2 この図書館は、金曜日は午後9時まで開館時間を延期する。

3 試験前なので、勉強する時間を10時まで延期した。

4 頭が痛かったので、学校に行く時間を延期しました。

2) 満員

1 パーティー会場にいる満員の人が楽しそうに話している。

2 休みの日になると、この公園は親子で満員になる。

3 映画館は満員で、見たかった映画が見られなかった。

4 デパートは買い物する満員のお客さんで混んでいる。

4. ＿＿＿＿のことばの読み方として最もよいものを一つえらびなさい。

1) わたしたちには共通の趣味があるので、話が合う。

1 きょうつ　　　2 きょつう　　　3 きょうつう　　　4 きょつ

2) コンサート会場は観客でいっぱいになっている。

1 かんかく　　　2 かんきゃく　　　3 けんかく　　　4 けんきゃく

3) 山を登ると、美しい景色を見ることができる。

1 あがる　　　2 おりる　　　3 さがる　　　4 のぼる

5. ＿＿＿＿のことばを漢字で書くとき、最もよいものを一つえらびなさい。

1) 仕事は予定通りにすすんでいる。

1 道んで　　　2 進んで　　　3 通んで　　　4 遠んで

2) 人気のある歌手がとうじょうしたので、みんなとても喜んだ。

1 登上　　　2 発上　　　3 発場　　　4 登場

1. （　　　）に入れるのに最もよいものを、一つえらびなさい。

1) 紙のごみの中に（　　　　）いるプラスチックのごみを取ってください。
と

1 こぼして　　　　2 ういて　　　　3 しまって　　　　4 まざって

2) （　　　　）が多いところで子どもを育てたい。
そだ

1 自然　　　　2 社会　　　　3 地球　　　　4 天気
しぜん　　　　　　　　　　　　　ちきゅう

3) クーラーが故障したのか、（　　　　）が変えられない。
こしょう　　　　　　　　　　　か

1 温度　　　　2 気温　　　　3 様子　　　　4 景色
おんど　　　　　　　　　　　　　　　　　　けしき

4) 人間は毎日たくさんの（　　　　）を使っている。

1 イベント　　　2 エネルギー　　　3 コミュニケーション　　4 ニュース

5) 太陽が（　　　　）、周りが暗くなった。
たいよう　　　　　　まわ

1 落ちて　　　　2 下りて　　　　3 消えて　　　　4 沈んで
お　　　　　　　　　　　　　　　き　　　　　　　　しず

2. ＿＿＿＿に意味が最も近いものを、一つえらびなさい。

1) 窓から見える海がかがやいている。
まど

1 うごいて　　　　2 ながれて　　　　3 ひかって　　　　4 ゆれて

2) 部屋の中では洗濯物がなかなか乾燥しない。
へや　　　　せんたくもの　　　　かんそう

1 あらえない　　　2 かわかない　　　3 ほせない　　　4 よごれない

3. つぎのことばの使い方として最もよいものを、一つえらびなさい。

1) 発生

1 ここは有名な温泉が発生しているので、絶対入りたい。
おんせん　　　　　　　　　　ぜったい

2 地震が発生したら、火はすぐに消してください。
じしん　　　　　　　　　　　　け

3 夏になると、庭に草がたくさん発生する。
にわ　くさ

4 みんなで考えたら、いいアイディアが発生した。

2) 枯_かれる

1　冷蔵庫_{れいぞうこ}に入れなかったので、野菜が枯_かれてしまった。

2　何年も着ていたので、白いシャツが枯_かれてしまった。

3　頭が枯_かれてしまったので、レポートを書くのをやめた。

4　庭_{にわ}の木が枯_かれてしまったので、切ることにした。

4. 　_____　のことばの読み方として最もよいものを一つえらびなさい。

1)　別の部屋_{へや}にいる赤ちゃんの様子をカメラで見る。

1　よす　　　　　2　よおし　　　　　3　よし　　　　　4　ようす

2)　この川の水は山から流れてきていて、とてもきれいだ。

1　うまれて　　　2　ながれて　　　　3　ゆれて　　　　4　わかれて

3)　こんなに美しい人を見たことがない。

1　うつくしい　　2　かなしい　　　　3　きびしい　　　4　すばらしい

4)　東の空に星が見える。

1　くも　　　　　2　つき　　　　　　3　ひ　　　　　　4　ほし

5. 　_____　のことばを漢字で書くとき、最もよいものを一つえらびなさい。

1)　今日は風が強いので、なみが高い。

1　洋　　　　　　2　波　　　　　　　3　池　　　　　　4　流

2)　午後になったら、きおんが上がって暑くなった。

1　気混　　　　　2　気湿　　　　　　3　気湯　　　　　4　気温

3)　体が水にういたら、次_{つぎ}は手と足を動かしてみよう。

1　浮いた　　　　2　届いた　　　　　3　通いた　　　　4　登いた

4)　昔_{むかし}、ゆう子_こさんのお母さんはびじんで有名だった。

1　真人　　　　　2　業人　　　　　　3　美人　　　　　4　集人

1. （　　　）に入れるのに最もよいものを、一つえらびなさい。

1) 冬になると、インフルエンザの（　　　）が増えてくる。

1 患者　　　　　2 傷　　　　　3 病気　　　　　4 熱

2) 寒いと思って、（　　　）をはかったら、38度もあった。

1 温度　　　　　2 気温　　　　　3 室温　　　　　4 体温

3) 本を読むときは、（　　　）をよくしないと、目が悪くなる。

1 姿勢　　　　　2 様子　　　　　3 健康　　　　　4 調子

4) 朝から何も食べていないので、（　　　）する。

1 のんびり　　　2 しっかり　　　3 どきどき　　　4 ふらふら

5) （　　　）は成功して、来週には退院できる。

1 回復　　　　　2 手術　　　　　3 整理　　　　　4 入院

2. ＿＿＿＿に意味が最も近いものを、一つえらびなさい。

1) 何度練習しても上手にできなくて、泣いた。

1 涙を流した　　2 汗を流した　　3 水を流した　　4 血を流した

2) 子どもが成長する様子を見るのが楽しみだ。

1 遊ぶ　　　　　2 おどる　　　　3 育つ　　　　　4 伸びる

3. つぎのことばの使い方として最もよいものを、一つえらびなさい。

1) 回復

1 調子が悪いコンピューターの部品を交換したら、回復した。

2 薬を飲んで、休んでいたら、少しずつ回復してきた。

3 地震の後、町を回復するために、みんなで協力した。

4 缶やビンを回復するので、分けておいてください。

2) 伸びる

1 夜になって、熱がどんどん伸びていき、とうとう39度になった。

2 みんなに反対されて、やりたい気持ちが伸びてしまった。

3 小さいグループでしていたボランティア活動が日本中に伸びていった。

4 髪がずいぶん伸びたので、美容院に切りに行こうと思っている。

4. _____ のことばの読み方として最もよいものを一つえらびなさい。

1) 会社をもっと大きく成長させるのがわたしの夢だ。

1 せいちょう　　　2 せちょう　　　3 せいちゅう　　　4 せちゅう

2) 命を大切にしよう。

1 いのち　　　2 おや　　　3 みどり　　　4 もり

3) 子どもにはいい教育を受けさせたい。

1 きょうえく　　　2 きょえく　　　3 きょういく　　　4 きょいく

4) 昨日からずっと頭痛がしている。

1 ずつう　　　2 づづう　　　3 ずうつ　　　4 づうつ

5) 子どもが元気に育っている。

1 うたって　　　2 そだって　　　3 のって　　　4 はしって

5. _____ のことばを漢字で書くとき、最もよいものを一つえらびなさい。

1) けんこうのためにジョギングをしている。

1 建康　　　2 建庫　　　3 健康　　　4 健庫

2) 座っていたら、足のいたみがなくなってきた。

1 病み　　　2 疲み　　　3 痛み　　　4 療み

3) あせがたくさん出てきた。

1 汗　　　2 汚　　　3 注　　　4 汁

やってみよう　正しいほうをえらびなさい。

1) 山中さんがサッカー（　仲間　友達　）に入った。

2) 田中さんに会ったとき、優しそうだという（　態度　印象　）を持った。

3) 駅で高校のときの友人と（　出会った　知り合った　）。

4) あした、インターネットで（　出会った　知り合った　）人と会う。

I.（　　　）に入れるのに最もよいものを、一つえらびなさい。

1) 奨学金の説明会には、申し込んだ（　　　　）が必ず出席してください。

1　仲間　　　　　2　友達　　　　　3　他人　　　　　4　本人

2) 山田さんをパーティーに（　　　　）けれど、いい返事はもらえなかった。

1　くわえた　　　2　さそった　　　3　そだった　　　4　あわせた

3) 外で音がしたのでドアを開けたが、誰の（　　　　）も見えなかった。

1　体　　　　　　2　形　　　　　　3　姿　　　　　　4　物

4) 何か言いたいことがあったら、（　　　　）わたしに言ってください。

1　直接　　　　　2　けっこう　　　3　ずっと　　　　4　特別

5) イベントに参加する人（　　　　）が集まりましたか。

1　両方　　　　　2　大人　　　　　3　全員　　　　　4　仲間

2.　＿＿＿＿に意味が最も近いものを、一つえらびなさい。

1) わたしたちが結婚していることは秘密にしている。

1　誰にも話していない　　　　　　　2　誰かが知っている

3　みんなに話している　　　　　　　4　みんな知っている

2) 彼女は魅力があるので、みんな彼女が大好きだ。

1 明るい   2 やさしい   3 きれいな   4 すてきな

3. つぎのことばの使い方として最もよいものを、一つえらびなさい。

1) お互い

1 子どものときからお互いのことをよく知っている。

2 駅の前にあるお互いの会社の社長は同じ人だ。

3 転んだときにお互いの足をけがして、痛い。

4 人はみんなお互いの考え方を持っている。

2) 態度

1 最近、このパソコンの態度が悪くて、困っている。

2 薬を飲んだら、だいぶ態度がよくなってきた。

3 木村さんが着ているコートは、とても態度がいい。

4 店員の態度がとても失礼で、嫌な気分だ。

4. _____ のことばの読み方として最もよいものを一つえらびなさい。

1) 好きな人に直接手紙を渡そうと思っている。

1 ちょうせつ   2 ちょせつ   3 ちょくせつ   4 ちょぐせつ

2) もう一度確認したい言葉に赤い印をつけた。

1 せん   2 しるし   3 ところ   4 まる

3) 他に何か必要な物があれば、言ってください。

1 つぎ   2 べつ   3 ほか   4 さき

4) 最初、怖そうな印象を受けたが、そうではなかった。

1 いっしょう   2 いしょう   3 いいしょう   4 いんしょう

5) 間違っている漢字を直した。

1 だした   2 けした   3 さがした   4 なおした

1. （　　）に入れるのに最もよいものを、一つえらびなさい。

1) いつもわたしを助けてくれるので、両親にとても（　　）している。
1 安心　　　　2 感謝　　　　3 確認　　　　4 自慢

2) わたしは兄と顔は似ているが、（　　）はぜんぜん違う。
1 気分　　　　2 性格　　　　3 関係　　　　4 具合

3) 服を買いたいという友人に（　　）、デパートに買い物に行った。
1 差し上げて　　2 取り替えて　　3 付き合って　　4 話し始めて

4) 最近、この歌手は（　　）が出てきて、テレビでよく見る。
1 興味　　　　2 才能　　　　3 立場　　　　4 人気

5) 田中さんは自分の飼っている猫がいちばんかわいいと（　　）する。
1 感謝　　　　2 自慢　　　　3 相談　　　　4 注意

2. ＿＿＿に意味が最も近いものを、一つえらびなさい。

1) 親友にも言わないで、ずっと内緒にしていることがある。
1 じまん　　　2 しゅみ　　　3 ひみつ　　　4 みりょく

2) アンケートを取るために、みんなが協力してくれた。
1 がんばって　　2 調べて　　　3 手伝って　　4 まとめて

3. つぎのことばの使い方として最もよいものを、一つえらびなさい。

1) 立場
1 今、地球の立場を考えて、行動する必要がある。
2 大きい木がある立場まで、二人で走っていった。
3 山中さんは東京のどの立場に住んでいますか。
4 相手の立場になって、考えてみたほうがいい。

2) 交流

1　二つの川が交流して、一つの大きい川になっている。

2　インターネットで世界中の人と交流することができる。

3　このチケットを持っていって、品物と交流してください。

4　メンバー全員が集まって、それぞれの意見を交流した。

4. ＿＿＿＿のことばの読み方として最もよいものを一つえらびなさい。

1)　相手の顔を見て、話しましょう。

1　あいて　　　　　2　あいで　　　　　3　あえて　　　　　4　あえで

2)　知らない人が助けてくれた。

1　あずけて　　　　2　たすけて　　　　3　とどけて　　　　4　みつけて

3)　留学生と交流するイベントに参加した。

1　こうりゅ　　　　2　こりゅう　　　　3　こりゅ　　　　　4　こうりゅう

4)　グループ全員で協力した。

1　きょうりょく　　2　きょりょく　　　3　こうりょく　　　4　こりょく

5. ＿＿＿＿のことばを漢字で書くとき、最もよいものを一つえらびなさい。

1)　このコンピューターのけってんを教えてください。

1　交点　　　　　　2　交店　　　　　　3　欠店　　　　　　4　欠点

2)　子どもたちの中に大人がまざって、遊んでいる。

1　交ざって　　　　2　満ざって　　　　3　共ざって　　　　4　加ざって

3)　困ったことがあれば、わたしにいつでもそうだんしてください。

1　送談　　　　　　2　想談　　　　　　3　相談　　　　　　4　早談

4)　タマネギは、カレーを作るときにかかせない野菜だ。

1　必かせない　　　2　欠かせない　　　3　加かせない　　　4　過かせない

やってみよう　正しいほうをえらびなさい。

1) 初めて一人で暮らすので、少し（　不安　不満　）だ。

2) （　不安　不満　）があるのか、鈴木さんは怒った顔をしている。

3) 生活が苦しかったので、（　苦労　努力　）して、子どもを育てた。

1. （　　　）に入れるのに最もよいものを、一つえらびなさい。

1) 痛みをずっと（　　　）するより、薬を飲んだほうがいい。

1 我慢 　　　　　 2 緊張 　　　　　 3 苦労 　　　　　 4 心配

2) （　　　）キャンプの準備をしたのに、雨で中止になってしまった。

1 いくら 　　　　　 2 せっかく 　　　　　 3 ずっと 　　　　　 4 もちろん

3) いい製品だと思って買ったのに、すぐ壊れてしまい、（　　　）した。

1 ふらふら 　　　　　 2 がっかり 　　　　　 3 どきどき 　　　　　 4 ゆっくり

4) 仕事の多さよりも人間関係のほうにストレスを（　　　）。

1 感じる 　　　　　 2 取る 　　　　　 3 する 　　　　　 4 もらう

5) 子どものとき、なぜ人は年を取るのだろうと（　　　）に思った。

1 残念 　　　　　 2 必死 　　　　　 3 不思議 　　　　　 4 不満

2. ＿＿＿＿に意味が最も近いものを、一つえらびなさい。

1) このあいだ、おかしなことが起きたんだ。

1 うれしい 　　　　　 2 楽しい 　　　　　 3 変な 　　　　　 4 きけんな

2) 高いビルから落ちていくという恐ろしい夢を見た。

1 苦しい 　　　　　 2 怖い 　　　　　 3 嫌な 　　　　　 4 大変な

3. つぎのことばの使い方として最もよいものを、一つえらびなさい。

1) 不満

1 将来のことが不満で、どうすればいいのかわからない。

2 一生懸命勉強したのに、不満な点しか取れなかった。

3 何年も働いているのに、給料が上がらないことが不満だ。

4 能力が不満な上司の下で働くのは、とても苦労する。

2) 緊張

1 ロープを緊張させて、その木にしっかり結んでください。

2 スピーチでは声が緊張してしまって、うまく話せなかった。

3 就職の面接の前なので、みんな緊張した顔をしている。

4 両親に緊張して育てられたが、今はよかったと思っている。

4. ＿＿＿＿のことばの読み方として最もよいものを一つえらびなさい。

1) この野菜は苦いので、あまり好きではない。

1 あまい　　　　2 からい　　　　3 うすい　　　　4 にがい

2) 毎日努力した結果、サッカー選手になった。

1 どうりょく　　2 どりょく　　　3 どうりょうく　　4 どりょうく

3) 父は苦労して、会社を作ったそうだ。

1 くうろ　　　　2 くろう　　　　3 くろ　　　　　4 くうろう

5. ＿＿＿＿のことばを漢字で書くとき、最もよいものを一つえらびなさい。

1) こわい夢を見て、目が覚めた。

1 悪い　　　　　2 痛い　　　　　3 寒い　　　　　4 怖い

2) ひっしに勉強して、行きたい大学に合格した。

1 必死　　　　　2 心死　　　　　3 必止　　　　　4 心止

やってみよう　正しいほうをえらびなさい。

1) あしたのテストが（　気にして　気になって　）眠れません。

2) あの人は背が高くて、とても（　目立ち　見つけ　）ますね。

3) 自分が悪いことをしたら、謝るのは（　偶然　当然　）です。

4) そのかばん、デザインがとても（　すてき　高い　）ですね。

I.（　　　）に入れるのに最もよいものを、一つえらびなさい。

1) 彼は新しい仕事に（　　　　）しているそうです。

1　活動　　　　　2　進行　　　　　3　発生　　　　　4　満足

2) 緊張していましたが、だんだん気持ちが（　　　　）きました。

1　落ち着いて　　2　どきどきして　3　まとめて　　　4　安くなって

3) 母は、わたしが将来いい会社に入ることを（　　　　）している。

1　期待　　　　　2　感動　　　　　3　注文　　　　　4　予約

4) 彼は日本語を話すことに（　　　　）を持っている。

1　自信　　　　　2　自慢　　　　　3　心配　　　　　4　満足

5) 妹は日本の着物に（　　　　）を持っている。

1　印象　　　　　2　感動　　　　　3　関心　　　　　4　趣味

2.＿＿＿＿に意味が最も近いものを、一つえらびなさい。

1) 彼は日本に留学することを<u>真剣に</u>考えている。

1　大変に　　　　2　不安に　　　　3　楽に　　　　　4　真面目に

2) 今日の試験は意外に簡単だった。

1　今まででいちばん

2　思っていたとおり

3　思っていたのとは違って

4　他の試験よりも

3. つぎのことばの使い方として最もよいものを、一つえらびなさい。

1) 楽

1　新しいアパートはとても楽なところにあります。

2　田中さんは、ユーモアがあって、いつも笑顔で、楽な人です。

3　今の仕事は大変でとても忙しいので、もっと楽な仕事がしたいです。

4　久しぶりに友達に会って、とても楽な時間でした。

2) 意外

1　あの人はわたしの意外なタイプなので、友達になりたくありません。

2　事故のニュースを聞いて、意外だったらいいのにと思いました。

3　テストは簡単だと思っていましたが、やってみたらやっぱり意外でした。

4　有名なレストランに行きましたが、意外に空いていました。

4. ＿＿＿＿のことばの読み方として最もよいものを一つえらびなさい。

1) きれいな海の水で、おいしい天然の塩を作っています。

1　てぜん　　　　2　てんぜん　　　　3　てねん　　　　4　てんねん

2) 彼のスピーチはみんなを感動させた。

1　かんど　　　　2　かんどう　　　　3　がんど　　　　4　がんどう

5. ＿＿＿＿のことばを漢字で書くとき、最もよいものを一つえらびなさい。

1) その問題はわたしにはかんけいないと思います。

1　問係　　　　2　間係　　　　3　開係　　　　4　関係

2) わたしはあなたが言ったことをしんじています。

1　仲じて　　　　2　信じて　　　　3　使じて　　　　4　他じて

学校
<ruby>学校<rt>がっこう</rt></ruby>

School and college
校園生活
Trường học

リスト　p.80

1. （　　　）に入れるのに最もよいものを、一つえらびなさい。

1）　一生懸命<rt>いっしょうけんめい</rt>勉強したら、（　　　　）が上がった。

　1　合格　　　　　　2　成績<rt>せいせき</rt>　　　　　　3　指導　　　　　　4　理解

2）　うまくできなかったので、もう一度最初<rt>さいしょ</rt>からやり（　　　　）ことにした。

　1　終わる　　　　　2　合う　　　　　　3　学ぶ　　　　　4　直<rt>なお</rt>す

3）　弟は高校を卒業<rt>そつぎょう</rt>した後、大学に（　　　　）。

　1　参加<rt>さんか</rt>した　　　2　出席<rt>しゅっせき</rt>した　　　3　進学した　　　4　勉強した

4）　いつか日本の会社で働くという（　　　　）を立てた。

　1　将来<rt>しょうらい</rt>　　　2　目標<rt>もくひょう</rt>　　　3　夢<rt>ゆめ</rt>　　　4　予定<rt>よてい</rt>

2. ＿＿＿＿に意味が最も近いものを、一つえらびなさい。

1）　先生の説明を聞いて、この言葉<rt>ことば</rt>の意味を理解しました。

　1　意味がわかりました　　　　　　　　2　意味を考えました

　3　意味を調べました　　　　　　　　　4　意味を説明しました

2）　失敗<rt>しっぱい</rt>をくりかえして、やっと合格できた。

　1　そのままにして　　2　直<rt>なお</rt>して　　　　3　何度もして　　　4　身につけて

3. つぎのことばの使い方として最もよいものを、一つえらびなさい。

1）　間違<rt>まちが</rt>う

　1　いろいろな国へ行って、間違<rt>まちが</rt>う文化<rt>ぶんか</rt>を知りたいです。

　2　その漢字の書き方、間違<rt>まちが</rt>っていますよ。

　3　先輩<rt>せんぱい</rt>だと思って、声をかけたら、ぜんぜん間違<rt>まちが</rt>う人でした。

　4　わたしの意見はあなたの意見と間違<rt>まちが</rt>いますね。

2) 提出
_{ていしゅつ}

1 バスに乗っていたら、男の人が急に道に<u>提出</u>してきました。
_{ていしゅつ}

2 宿題は、あしたまでに<u>提出</u>してください。
_{しゅくだい} _{ていしゅつ}

3 駅に着くとすぐに電車が駅を<u>提出</u>しました。
_{ていしゅつ}

4 郵便局まで荷物を<u>提出</u>しに行ってきます。
_{ゆうびんきょく} _{にもつ} _{ていしゅつ}

4. _____のことばの読み方として最もよいものを一つえらびなさい。

1) 最近、体の<u>調子</u>がよくない。
_{さいきん}

　1　しょうし　　　　2　ちょうし　　　　3　ちゅうし　　　　4　ひょうし

2) ここに<u>身長</u>と体重を書いてください。

　1　しちょう　　　　2　しんちょう　　　　3　じんちょう　　　　4　みちょう

3) この本は難しくて、<u>理解</u>できません。
_{むずか}

　1　りかい　　　　2　りがい　　　　3　りげ　　　　4　りげい

4) わたしは将来、高校の英語の<u>教師</u>になりたいと思っています。
_{しょうらい}

　1　きょうし　　　　2　きょうす　　　　3　きゅうし　　　　4　きゅうす

5. _____のことばを漢字で書くとき、最もよいものを一つえらびなさい。

1) 先生に作文を<u>しどう</u>していただいた。

　1　仕導　　　　2　身導　　　　3　指導　　　　4　師導

2) 次のJLPTは必ずN3に<u>ごうかく</u>したい。
_{つぎ} _{かなら}

　1　合各　　　　2　合格　　　　3　合確　　　　4　合客

3) 先週、友達にメールを出したが、まだ<u>へんじ</u>が来ない。
_{ともだち}

　1　変事　　　　2　返事　　　　3　成事　　　　4　帰事

4) わからない<u>言葉</u>があったら、辞書で<u>しらべ</u>ます。
_{ことば} _{じしょ}

　1　調べ　　　　2　認べ　　　　3　語べ　　　　4　試べ

12
回目

いろいろな問題

A range of problems
各种烦恼
Các loại vấn đề

リスト　p.81

1. （　　　）に入れるのに最もよいものを、一つえらびなさい。

1) 自分の失敗を人の（　　　）にしてはいけません。

1　おかげ　　　　　2　気　　　　　　　3　せい　　　　　4　わがまま

2) 彼女は、彼と結婚するかどうか、ずっと（　　　）いる。

1　あきて　　　　　2　あわてて　　　　3　決めて　　　　4　迷って

3) お金がないので、進学を（　　　）。

1　あきらめました　2　試しました　　　3　防ぎました　　4　破りました

4) 子どもが（　　　）をしたので、叱りました。

1　いたずら　　　　2　親切　　　　　　3　迷惑　　　　　4　わがまま

5) みんなで相談して、夏休みの旅行先を海に（　　　）。

1　あきました　　　2　決めました　　　3　悩みました　　4　迷いました

2. ＿＿＿に意味が最も近いものを、一つえらびなさい。

1) 事故を防ぐために、みんなで協力しましょう。

1　事故を起こさないようにする　　　　2　事故を解決する
3　事故を調査する　　　　　　　　　　4　事故を忘れる

2) 友達に漢字の勉強のしかたを聞きました。

1　結果　　　　　　2　方法　　　　　　3　目標　　　　　4　問題

3. つぎのことばの使い方として最もよいものを、一つえらびなさい。

1) 解決

1　辞書で調べて、この言葉の意味を解決しました。

2　みんなが助けてくれたので、その問題はもう解決しました。

3 テストは難しくて、解決できませんでした。

4 いろいろ考えましたが、国へ帰ることに解決しました。

2) 破る

1 暑いので、ぼうしを破ったほうがいいですよ。

2 そのコップは破れていますから、気をつけてください。

3 彼女はその手紙を読むと、破りました。

4 髪が伸びたので、短く破りました。

4. ＿＿＿＿のことばの読み方として最もよいものを一つえらびなさい。

1) そこに車を止めたら、歩く人に迷惑ですよ。

1 みいわく　　　　2 みわく　　　　3 めいわく　　　　4 めわく

2) 買ったものを入れたら、袋が破れました。

1 きれました　　2 こわれました　　3 やぶれました　　4 われました

3) このあいだのテストの結果はどうでしたか。

1 けいか　　　　2 けか　　　　3 けつか　　　　4 けっか

5. ＿＿＿＿のことばを漢字で書くとき、最もよいものを一つえらびなさい。

1) 仕事がうまくいかなくて、なやんでいます。

1 迷んで　　　　2 悩んで　　　　3 労んで　　　　4 怖んで

2) 旅行に行く日がきまりました。

1 結まりました　　2 決まりました　　3 確まりました　　4 満まりました

3) この子はまだ小さいので、自分で靴のひもをむすぶことができません。

1 結ぶ　　　　2 交ぶ　　　　3 集ぶ　　　　4 接ぶ

4) 一人で知らない町を歩いていたら、道にまよってしまいました。

1 通って　　　　2 迷って　　　　3 過って　　　　4 送って

やってみよう　正しいほうをえらびなさい。

1) 引っ越しの　(　値段　費用　)　は、50万円ぐらいかかった。

2) ガソリンの　(　価格　現金　)　が上がった。

3) この会社は　(　金額　給料　)　が安すぎるので、もう辞めたい。

4) カードではなく、(　現金　税金　)　で支払った。

I.　(　　)　に入れるのに最もよいものを、一つえらびなさい。

1) このアパートの　(　　　)　は、1か月7万円です。
　1　貯金　　　　　2　番号　　　　　3　税金　　　　　4　家賃

2) 今日は　(　　　)　が入ったので、家族にケーキを買った。
　1　給料　　　　　2　金額　　　　　3　合計　　　　　4　費用

3) 今月の電気の　(　　　)　は、1万円だった。
　1　給料　　　　　2　現金　　　　　3　貯金　　　　　4　料金

4) 食事にかかったお金は、(　　　)　5,500円です。
　1　計算　　　　　2　合計　　　　　3　計画　　　　　4　時計

5) 雨が降らないので、野菜の　(　　　)　が上がっている。
　1　値段　　　　　2　給料　　　　　3　販売　　　　　4　料理

2.　＿＿＿＿　に意味が最も近いものを、一つえらびなさい。

1) 最近、お金を節約している。

　1　使わないようにしている　　　　　2　あげないようにしている

　3　持つようにしている　　　　　　　4　もらうようにしている

2) 50万円貯金[ちょきん]した。

1　あげた　　　　　2　かりた　　　　　3　ためた　　　　　4　もらった

3. つぎのことばの使い方として最もよいものを、一つえらびなさい。

1) 品物

1　今朝乗っていた電車の中に、品物をしてしまった。

2　この料理には、どんな品物が入っているんですか。

3　あのスーパーは新しくてきれいだが、品物がよくない。

4　結婚式[けっこんしき]のドレスは買ったものではなく、品物です。

2) 支払う

1　大学の授業[じゅぎょう]料は、今週、1年分まとめて支払うつもりだ。

2　お金が足りなかったので、銀行でお金を支払うことにした。

3　誰[だれ]にも気がつかれないように、周[まわ]りに注意を支払った。

4　父は誕生[たんじょう]日のプレゼントとして、兄に現金[げんきん]で1万円支払った。

4. ＿＿＿＿のことばの読み方として最もよいものを一つえらびなさい。

1) 今年から、税金が上がった。

1　ぜいきん　　　　2　ぜいぎん　　　　3　せっきん　　　　4　ぜっきん

2) できれば、給料がいい会社で働きたい。

1　きゅうりょ　　　2　きゅうりょう　　3　きゅりょ　　　　4　きゅりょう

5. ＿＿＿＿のことばを漢字で書くとき、最もよいものを一つえらびなさい。

1) この町は物の値段[ねだん]が安いので、せいかつひが安くすむ。

1　生活代　　　　　2　生活料　　　　　3　生活費　　　　　4　生活金

2) 車の修理[しゅうり]に5万円はらった。

1　売った　　　　　2　破った　　　　　3　用った　　　　　4　払った

14
回目

旅行・交通
りょこう　こうつう

Travel and transportation
旅行、交通
Du lịch / Giao thông

リスト p.83

やってみよう　正しいほうをえらびなさい。

1) 電車が駅に（ 出発　到着 ）しました。
とうちゃく

2) 時間がないので、（ 急いで　のんびり ）行きましょう。

3) この電車は、特急（ 券　費 ）が必要です。
けん　ひ　　ひつよう

4) あの人が投げるボールは（ 早い　速い ）です。
な　　　　　　　はや　はや

I.（　　　　）に入れるのに最もよいものを、一つえらびなさい。

1) 空港へ友達を（　　　　　）に行きました。
くうこう　ともだち

1 取り消し　　　　2 届け　　　　　3 眺め　　　　　4 見送り
とど　　　　　　なが

2) 「駐車（　　　　　）」はここに車を止めてはいけないという意味です。
ちゅうしゃ

1 禁止　　　　　　2 中止　　　　　3 混雑　　　　　4 無理
こんざつ　　　　　む り

3) 山の上からきれいな景色を（　　　　　）。
けしき

1 観光しました　2 感動しました　3 眺めました　4 見えました
かんこう　　　　　かんどう　　　　　なが

4) 友達を車に（　　　　　）、いっしょにドライブに出かけました。
ともだち

1 入れて　　　　　2 連れて　　　　3 乗って　　　　4 乗せて
つ

5) うちから駅まで自転車で（　　　　　）しています。

1 移動　　　　　　2 運転　　　　　3 進行　　　　　4 到着
い どう　　　　　　　　　　　　　　　　　　　　とうちゃく

2.＿＿＿＿＿に意味が最も近いものを、一つえらびなさい。

1) 車が来ないかどうか確認してから、道を横断する。
かくにん

1 通る　　　　　　2 曲がる　　　　3 まっすぐ行く　4 渡る
ま　　　　　　　　　　　　　　　わた

2) 昨日は大きなイベントがあったので、町は混雑していました。

1 危なかったです　　　　　　　　　2 うるさかったです

3 汚かったです　　　　　　　　　　4 人が多かったです

3. つぎのことばの使い方として最もよいものを、一つえらびなさい。

1) 取り消す

1 大雨で、今日のサッカーの試合は取り消しました。

2 できることなら、悲しい思い出をすべて取り消したい。

3 誰もいないので、部屋の電気を取り消しました。

4 都合が悪くなったので、レストランの予約を取り消しました。

2) 道路

1 駅まで行きたいんですが、道路を教えてください。

2 道を歩いているとき、目の前で道路事故が起きて、びっくりしました。

3 事故があったので、この先は道路ができません。

4 道路を渡るときは、車に気をつけてください。

4. ＿＿＿＿＿のことばの読み方として最もよいものを一つえらびなさい。

1) わたしは車で通勤しています。

1 つうかん　　　　2 つうきん　　　　3 つうじん　　　　4 つうちん

2) この道は横断禁止ですから、渡らないでください。

1 おうだんきんし　　　　　　　　　2 おうだんぎんし

3 おだんきんし　　　　　　　　　　4 おだんぎんし

5. ＿＿＿＿＿のことばを漢字で書くとき、最もよいものを一つえらびなさい。

1) 彼はいつもとなりの駅から電車にのってきます。

1 到って　　　　2 乗って　　　　3 上って　　　　4 登って

2) あのどうろは工事中で、通れません。

1 土道　　　　2 通路　　　　3 道路　　　　4 歩道

15
回目

仕事（1）—就職する—

Work 1: Getting a job
工作（1）求职
Công việc 1: Tìm việc

リスト p.84

やってみよう　正しいほうをえらびなさい。

1) 卒業したら、どんな（　就職　職業　）に就きたいですか。

2) 父は（　企業　職業　）に勤めています。

3) 駅前に新しくできたスーパーのアルバイトに（　応募　募集　）しました。

4) しめ切りまでに（　面接　申込書　）を出してください。

5) この町は工業が（　発生　発展　）している。

1. （　　）に入れるのに最もよいものを、一つえらびなさい。

1) となりの町の工場では夜遅い時間に働ける人を（　　　）しています。
1　就職　　　　　2　職業　　　　　3　産業　　　　　4　募集

2) この国は（　　　）が盛んで、外国に野菜や果物を輸出しています。
1　企業　　　　　2　工業　　　　　3　職業　　　　　4　農業

3) 彼は仕事で（　　　）して、会社を大きくした。
1　合格　　　　　2　就職　　　　　3　成功　　　　　4　発展

4) 面接で、日本に来た（　　　）について聞かれました。
1　関心　　　　　2　魅力　　　　　3　目的　　　　　4　目標

5) 会議室を使いたいときは、事務室に（　　　）ください。
1　片付けて　　　2　知り合って　　3　立ち止まって　4　申し込んで

2. ＿＿＿＿に意味が最も近いものを、一つえらびなさい。

1) 名前と住所を記入しました。
1　教えました　　2　覚えました　　3　書きました　　4　聞きました

2) 有名で、給料がいい企業で働きたいです。

1　会社　　　　　　　2　職業　　　　　　　3　仕事　　　　　　　4　社員

3. つぎのことばの使い方として最もよいものを、一つえらびなさい。

1) 訓練

1　健康のために、わたしは毎日１時間訓練しています。

2　この犬は警察犬になるために訓練されました。

3　わたしは毎日たくさん漢字を書いて、訓練します。

4　何か問題が起きたら、部長に訓練します。

2) 発展

1　彼は日本の会社に就職してから、日本語がとても発展しました。

2　あの社員は10年前に比べてとても発展しました。

3　町の経済が発展して、高いビルが増えました。

4　仕事中に、地震が発展して、怖かったです。

4. ＿＿＿＿のことばの読み方として最もよいものを一つえらびなさい。

1) コンテストの参加者を募集しています。

1　ほうしゅう　　　2　ほしゅう　　　　3　ぼうしゅう　　　4　ぼしゅう

2) 漢字には音読みと訓読みがあります。

1　かんよみ　　　　2　きんよみ　　　　3　くんよみ　　　　4　せんよみ

5. ＿＿＿＿のことばを漢字で書くとき、最もよいものを一つえらびなさい。

1) 将来、どんな仕事につきたいですか。

1　職きたい　　　　2　就きたい　　　　3　仕きたい　　　　4　勤きたい

2) 毎日、面接のれんしゅうをしています。

1　研習　　　　　　2　練習　　　　　　3　訓習　　　　　　4　運習

16
回目

仕事 (2) —工場—

Work 2: In the factory
工作（2）工厂
Công việc 2: Nhà máy

リスト p.85

やってみよう　正しいほうをえらびなさい。

1) みんなで 協 力 して作業を（　進みます　進めます　）。

2) 近所の店で電気（　製品　品物　）を買います。

3) 部屋が暑いので、エアコンの温度を（　修理　調節　）します。

4) この仕事の（　手段　担当　）は誰ですか。

5) 先月、新しいビルが（　完成　作業　）しました。

I. （　　　）に入れるのに最もよいものを、一つえらびなさい。

1) このパソコンは日本（　　　　）です。

1　物　　　　　　　2　産　　　　　　　3　製　　　　　　　4　用

2) 科学技 術 が（　　　　）して、生活が便利になりました。

1　出発　　　　　　2　進行　　　　　　3　進歩　　　　　　4　成 長

3) 壊れた機械を（　　　　）してもらいました。

1　完成　　　　　　2　作業　　　　　　3　修 理　　　　　　4　指示

4) みんな集まったら、（　　　　）を始めましょう。

1　作業　　　　　　2　手段　　　　　　3　担当　　　　　　4　方法

5) ごみを（　　　　）するのにも、お金がかかります。

1　修 理　　　　　　2　処理　　　　　　3　調節　　　　　　4　提 出

2. ＿＿＿＿に意味が最も近いものを、一つえらびなさい。

1) 来週のスケジュールを確認します。

1　おぼえます　　　2　たしかめます　　　3　まかせます　　　4　もらいます

2) この工場ではさまざまな機械を使用しています。

1 すてて　　　　　2 つかって　　　　　3 つくって　　　　　4 なおして

3. つぎのことばの使い方として最もよいものを、一つえらびなさい。

1) 特長

1 足が特長で、サイズの合う靴がありません。

2 あの電車は特長なので、次の駅には止まりません。

3 この製品のいちばんの特長を教えてください。

4 この工場では特長の方法で製品を作っています。

2) 調節

1 やり方を間違えたので、初めから調節しました。

2 よく聞こえないので、テレビの音を調節しました。

3 机の引き出しの中の物が多いので、調節しました。

4 旅行に行きたいので、生活費を調節します。

4. ＿＿＿＿＿のことばの読み方として最もよいものを一つえらびなさい。

1) このごみを処理してください。

1 しゅり　　　　2 しょうり　　　　3 しょり　　　　4 ちょうり

2) そこへ行くための移動の手段は３つある。

1 しゅうたん　　2 しゅたん　　　3 しゅだん　　　4 てだん

5. ＿＿＿＿＿のことばを漢字で書くとき、最もよいものを一つえらびなさい。

1) 会社の先輩から仕事のしじを受けました。

1 指時　　　　　2 指示　　　　　3 指持　　　　　4 指自

2) この工場ではいろいろなせいひんを作っています。

1 産品　　　　　2 生品　　　　　3 成品　　　　　4 製品

17
回目

仕事（3）—オフィス—

Work 3: In the office
工作（3）办公室
Công việc 3: Văn phòng

リスト　p.86

やってみよう　正しいほうをえらびなさい。

1) あの店の（　営業　経営　）時間は、何時から何時までですか。

2) この仕事を5時までに（　済ませる　済む　）つもりです。

3) この仕事を（　引き受けて　受け取って　）くれませんか。

4) この問題は会社に（　責任　手続き　）があります。

I.　（　　　）に入れるのに最もよいものを、一つえらびなさい。

1) 父は社長で、会社を（　　　　）しています。

1 営業　　　　　　2 経営　　　　　　3 就職　　　　　　4 出張

2) 1週間（　　　　）を取って、家族と旅行に行きます。

1 休暇　　　　　　2 申請　　　　　　3 注文　　　　　　4 予約

3) あさってから10日間、仕事で海外に（　　　　）することになりました。

1 参加　　　　　　2 就職　　　　　　3 出張　　　　　　4 通勤

4) 夏休みに海外旅行がしたいので、インターネットで（　　　　）を集めます。

1 事務　　　　　　2 情報　　　　　　3 責任　　　　　　4 連絡

5) この店は朝10時から夜8時まで（　　　　）しています。

1 営業　　　　　　2 申請　　　　　　3 経営　　　　　　4 進行

2.　＿＿＿＿に意味が最も近いものを、一つえらびなさい。

1) 田中さんは今オフィスにいます。

1 教室　　　　　　2 工場　　　　　　3 事務所　　　　　　4 食堂

2) 彼はわたしの<ruby>同僚<rt>どうりょう</rt></ruby>です。

1 同じアパートの人   2 同じ会社の人

3 同じ国の人   4 同じ年の人

3. つぎのことばの使い方として最もよいものを、一つえらびなさい。

1) <ruby>遅刻<rt>ちこく</rt></ruby>

1 雨でバスの<ruby>到着<rt>とうちゃく</rt></ruby>が30分も<ruby>遅刻<rt>ちこく</rt></ruby>しました。

2 1時間も<ruby>寝坊<rt>ねぼう</rt></ruby>して、<ruby>会議<rt>かいぎ</rt></ruby>に<ruby>遅刻<rt>ちこく</rt></ruby>しました。

3 この時計は<ruby>壊<rt>こわ</rt></ruby>れていて、いつも5分<ruby>遅刻<rt>ちこく</rt></ruby>しています。

4 作業が<ruby>遅刻<rt>ちこく</rt></ruby>してしまって、すみませんでした。

2) <ruby>書類<rt>しょるい</rt></ruby>

1 この<ruby>書類<rt>しょるい</rt></ruby>に住所と名前を書いてください。

2 この店ではえんぴつや<ruby>消<rt>け</rt></ruby>しゴムなどの<ruby>書類<rt>しょるい</rt></ruby>を売っています。

3 レポートを書くために、図書館で必要な<ruby>書類<rt>しょるい</rt></ruby>を<ruby>探<rt>さが</rt></ruby>しました。

4 本屋で<ruby>経済<rt>けいざい</rt></ruby>の<ruby>書類<rt>しょるい</rt></ruby>を2<ruby>冊<rt>さつ</rt></ruby>買いました。

4. ＿＿＿＿のことばの読み方として最もよいものを一つえらびなさい。

1) いつか自分の会社を<u>経営</u>したい。

1 けいえ   2 けいえい   3 けえ   4 けえい

2) <ruby>彼女<rt>かのじょ</rt></ruby>はこの問題を<ruby>解決<rt>かいけつ</rt></ruby>する<u>能力</u>があります。

1 のうりき   2 のうりょく   3 のりょうく   4 のりょく

5. ＿＿＿＿のことばを漢字で書くとき、最もよいものを一つえらびなさい。

1) <ruby>彼女<rt>かのじょ</rt></ruby>はこの会社ができてからずっと社長を<u>つとめて</u>います。

1 任めて   2 務めて   3 就めて   4 職めて

2) 約束の時間に<u>おくれない</u>ようにしてください。

1 遅れない   2 過れない   3 速れない   4 迷れない

どのぐらい？

How many?
多少?
Bao nhiêu?

リスト p.87

やってみよう　正しいほうをえらびなさい。

1) 給料が2（　量　倍　）になって、うれしいです。

2) 町の人口が10年前より（　占め　減り　）ました。

3) 学生の数がおととしより100人（　数えた　増えた　）。

4) 去年の夏の（　最近　最高　）気温は40度でした。

5) イベントの後で、（　大勢　大量　）のごみが出ました。

1. （　　　）に入れるのに最もよいものを、一つえらびなさい。

1) 今年の夏はいろいろなところに行けて、（　　　）に楽しかった。

1　最高　　　　　2　全体　　　　　3　大量　　　　　4　部分

2) 留学生はこの学校の学生の20パーセントを（　　　）います。

1　数えて　　　　2　占めて　　　　3　取って　　　　4　持って

3) 町の人口が約半分に（　　　）。

1　そだちました　　2　のびました　　3　はかりました　　4　へりました

4) 20年前に比べて、企業の数が（　　　）になりました。

1　半　　　　　　2　倍　　　　　　3　約　　　　　　4　量

5) この地図を見れば、町（　　　）の様子がわかります。

1　合計　　　　　2　全員　　　　　3　全体　　　　　4　平均

2. ＿＿＿＿に意味が最も近いものを、一つえらびなさい。

1) お金があまったので、貯金しました。

1　なくなった　　　2　足りた　　　　3　残った　　　　4　増えた

2) あの人は<ruby>最低<rt>さいてい</rt></ruby>な人です。

1　小さい　　　　　2　<ruby>背<rt>せ</rt></ruby>が低い　　　　3　ひどい　　　　4　<ruby>若<rt>わか</rt></ruby>い

3. つぎのことばの使い方として最もよいものを、一つえらびなさい。

1) <ruby>占<rt>し</rt></ruby>める

1　うちから駅まで車で<ruby>約<rt>やく</rt></ruby>20<ruby>分<rt>し</rt></ruby><ruby>占<rt>し</rt></ruby>めます。

2　<ruby>彼<rt>かれ</rt></ruby>は車が好きで、3台<ruby>占<rt>し</rt></ruby>めています。

3　いろいろなことが<ruby>心配<rt>しんぱい</rt></ruby>で、自分の<ruby>将来<rt>しょうらい</rt></ruby>を<ruby>占<rt>し</rt></ruby>めてもらいました。

4　社長の意見に<ruby>反対<rt>はんたい</rt></ruby>する社員は<ruby>全体<rt>ぜんたい</rt></ruby>の半分を<ruby>占<rt>し</rt></ruby>めています。

2) <ruby>程度<rt>ていど</rt></ruby>

1　その木の高さは3メートル<ruby>程度<rt>ていど</rt></ruby>です。

2　この料理の<ruby>塩<rt>しお</rt></ruby>の量は<ruby>程度<rt>ていど</rt></ruby>でいいです。

3　あの新しいビルは、夏<ruby>程度<rt>ていど</rt></ruby>には<ruby>完成<rt>かんせい</rt></ruby>するでしょう。

4　毎朝、7時<ruby>程度<rt>ていど</rt></ruby>に起きて、8時に家を出ます。

4. ＿＿＿＿のことばの読み方として最もよいものを一つえらびなさい。

1) わたしたちの<ruby>地球<rt>ちきゅう</rt></ruby>のために、ごみの量を<ruby>減<rt></rt></ruby>らしましょう。

1　かず　　　　　　2　かん　　　　　　3　ふくろ　　　　4　りょう

2) この町は人口が増加しています。

1　そうか　　　　　2　そか　　　　　　3　ぞうか　　　　4　ぞか

5. ＿＿＿＿のことばを漢字で書くとき、最もよいものを一つえらびなさい。

1) 今ここに何人いるか、かぞえてください。

1　教えて　　　　　2　数えて　　　　　3　増えて　　　　4　考えて

2) この大学は毎年、学生がげんしょうしています。

1　落少　　　　　　2　減少　　　　　　3　混少　　　　　4　流少

やってみよう 正しいほうをえらびなさい。

1) 夕方になって、(辺り 近所) が暗くなってきました。

2) 飛行機の窓 (側 向き) の席を予約しました。

3) 駐車場はこのビルの (以下 地下) 1階です。

4) いすの (向き 地方) を変えてください。

5) のどが痛くて、声が (がらがら どきどき) です。

1. ( ) に入れるのに最もよいものを、一つえらびなさい。

1) この ( ) に郵便局はありませんか。

1 間　　　　　　2 辺り　　　　　　3 向き　　　　　　4 列

2) コンサートの席は前から2 ( ) 目です。

1 回　　　　　　2 本　　　　　　3 列　　　　　　4 枚

3) 道に迷ったので、地図で駅の ( ) を確認しました。

1 位置　　　　　2 間隔　　　　　3 地方　　　　　4 都会

4) となりの人とできるだけ ( ) を空けて座ってください。

1 辺り　　　　　2 位置　　　　　3 間隔　　　　　4 部分

5) 休みの日は子どもといっしょに公園を ( ) 散歩します。

1 がらがら　　　2 ぐっすり　　　3 どきどき　　　4 ぶらぶら

2. ＿＿＿＿に意味が最も近いものを、一つえらびなさい。

1) 昨日行ったレストランはがらがらでした。

1 うるさかったです　　　　　　　2 きれいでした

3 こんでいました　　　　　　　　4 すいていました

2)　いすとテーブルの位置_きを決めました。

1　大きさ　　　　　2　形　　　　　　　3　高さ　　　　　　4　場所

3.　**つぎのことばの使い方として最もよいものを、一つえらびなさい。**

1)　地方

1　A駅はこの道をまっすぐ行ったところにあるビルの南の地方にあります。

2　この地方の習慣_{しゅうかん}を知らないので、教えてください。

3　銀行の地方がわからないんですが、教えていただけませんか。

4　その店はこの建物の地方の階_{かい}にありますから、あの階段_{かいだん}を下りてください。

2)　うろうろ

1　危_{あぶ}ないですから、バスの窓_{まど}から手をうろうろしないでください。

2　昨日_{きのう}の晩_{ばん}から熱_{ねつ}があって、頭がうろうろしています。

3　初_{はじ}めての町で道がわからなくて、うろうろしました。

4　たくさんの人の前で話すのは、うろうろします。

4.　＿＿＿＿**のことばの読み方として最もよいものを一つえらびなさい。**

1)　日本の首都は東京_{とうきょう}です。

1　しゅうと　　　　2　しゅうとう　　　3　しゅと　　　　　4　しゅど

2)　店の前の長い列に並_{なら}びました。

1　りつ　　　　　　2　れい　　　　　　3　れつ　　　　　　4　れん

5.　＿＿＿＿**のことばを漢字で書くとき、最もよいものを一つえらびなさい。**

1)　顔を右にむけてください。

1　向けて　　　　　2　示けて　　　　　3　回けて　　　　　4　合けて

2)　スピーチコンテストで1いになりました。

1　首　　　　　　　2　位　　　　　　　3　点　　　　　　　4　置

1. （　　　）に入れるのに最もよいものを、一つえらびなさい。

1) 5歳のとき、家が火事になったが、（　　　）のことはあまり覚（おぼ）えていない。

1　期間　　　　　　2　今後　　　　　　3　当時（とうじ）　　　　4　平日（へいじつ）

2) 学生の夏休みのように、（　　　）の休みが取（と）れたら何をしたいですか。

1　過去（かこ）　　　2　現在　　　　　3　最新　　　　　　4　長期（ちょうき）

3) だんだん空が明るくなって、夜が（　　　）きた。

1　明けて　　　　　2　開いて　　　　　3　終わって　　　　4　たって

4) わたしの仕事は、土日は休みですが、（　　　）はとても忙（いそが）しいです。

1　短期　　　　　　2　休日　　　　　　3　平日（へいじつ）　　　4　未来

5) 失敗（しっぱい）しないように、（　　　）の計画をもう一度考えましょう。

1　当時（とうじ）　　2　今後　　　　　3　最新　　　　　　4　過去（かこ）

2. ＿＿＿＿＿に意味が最も近いものを、一つえらびなさい。

1) 大切なテストがあったのに、当日（とうじつ）寝坊（ねぼう）してしまって受（う）けられなかった。

1　その間　　　　　2　それから　　　　3　その日　　　　　4　その後

2) 時間がたつのを忘（わす）れるぐらい、この本はおもしろいですよ。

1　変（か）わる　　　2　終わる　　　　3　過（す）ぎる　　　　4　止（と）まる

3. つぎのことばの使い方として最もよいものを、一つえらびなさい。

1) おしまい

1　もう9時なので、そろそろパーティーはおしまいにしましょう。

2　このゲームは人気があるので、どの店でもおしまいです。

3　このレポートはあしたがおしまいだから、早く書かなければいけない。

4　マラソン大会でおしまいになったのは、あの人です。

2)　時刻

1　友達と旅行する時刻は、月曜から１週間です。

2　昨日の夜はどのぐらいの時刻、勉強しましたか。

3　開会式が始まる時刻は、午後２時だそうです。

4　わたしは長い時刻、日本語の勉強を続けています。

4. ＿＿＿＿のことばの読み方として最もよいものを一つえらびなさい。

1)　もうすぐ仕事が始まる時刻です。

1　じかん　　　　　2　じき　　　　　　3　じこく　　　　　4　じこ

2)　いつも最新のニュースをチェックしています。

1　さつしん　　　　2　さいしん　　　　3　ついしん　　　　4　たいしん

3)　彼は、授業が終わるころ現れた。

1　あらわれた　　　2　おくれた　　　　3　つかれた　　　　4　よばれた

4)　夏休みの期間は、どこのプールも混んでいます。

1　きかん　　　　　2　きゅうか　　　　3　じかん　　　　　4　きせつ

5. ＿＿＿＿のことばを漢字で書くとき、最もよいものを一つえらびなさい。

1)　決められた時間よりみじかい時間で、仕事が終わりました。

1　短い　　　　　　2　知い　　　　　　3　速い　　　　　　4　豆い

2)　母はずっと病気でしたが、げんざいはよくなりました。

1　今在　　　　　　2　減在　　　　　　3　現在　　　　　　4　観在

3)　夏休みに、たんきのアルバイトをやってみるつもりだ。

1　短来　　　　　　2　短期　　　　　　3　短記　　　　　　4　短気

4)　この国のみらいを作るのは、今の子どもたちだ。

1　美来　　　　　　2　未来　　　　　　3　味来　　　　　　4　見来

21
回目

動詞（1）—いくつかの意味があることば—

Verbs 1: Words that have several meanings
动词（1）多义词
Động từ 1: Những từ đa nghĩa

リスト p.90

やってみよう　正しいほうをえらびなさい。

1) あの人は電話を持っていないので、連絡が（　出ない　取れない　）んです。

2) コンサートに行ったら友達がいたので、声を（　かけた　立てた　）。

3) 天気予報が（　当たって　付いて　）、今日は1日いい天気だった。

4) あの人、付き合っていた女性に（　かけられた　振られた　）らしいよ。

I.　（　　　）に入れるのに最もよいものを、一つえらびなさい。

1) 今度の土曜は都合が（　　　　）から、ボランティアに参加することにした。

1　決まった　　　　2　付いた　　　　　3　出せた　　　　4　取れた

2) 試験合格という目標を（　　　　）勉強している。

1　受けて　　　　　2　かけて　　　　　3　立てて　　　　4　はかって

3) 選手は試合の後、応援してくれた人たちに手を（　　　　）。

1　配った　　　　　2　振った　　　　　3　かけた　　　　4　破った

4) あしたは3時からの会議に（　　　　）なりません。

1　かけなければ　　2　置かなければ　　3　しなければ　　4　出なければ

5) 駅の前で、女の人がこの紙を（　　　　）いましたよ。

1　配って　　　　　2　試して　　　　　3　ためて　　　　4　払って

2.　＿＿＿＿＿に意味が最も近いものを、一つえらびなさい。

1) わたしの父は、学校を出てから40年働いているそうです。

1　就職して　　　　2　卒業して　　　　3　中止して　　　　4　入学して

2) 友達と京都に行く計画を立てました。

1　急ぎました　　　2　考えました　　　3　もらいました　　4　やめました

3. つぎのことばの使い方として最もよいものを、一つえらびなさい。

1) かける

1　ソファーで寝ている弟に、毛布をかけた。

2　この本は、あそこの本棚にかけてください。

3　書類は5枚ずつかけて、置いておきましょう。

4　さっき買ったワインを、冷蔵庫にかけた。

2) 当たる

1　昨日は、母から当たった服を着て、学校へ行った。

2　さっきから、誰かが何回もドアを当たっている。

3　友達が投げたボールが、体に当たってしまって痛い。

4　彼は希望の会社に当たって、仕事を始めた。

4. ＿＿＿＿のことばの読み方として最もよいものを一つえらびなさい。

1) 服にしょう油が付いている。

1　ついて　　　　　2　ういて　　　　　3　ふいて　　　　4　おいて

2) ここから1枚、紙を取ってください。

1　きって　　　　　2　くばって　　　　3　とって　　　　4　もって

5. ＿＿＿＿のことばを漢字で書くとき、最もよいものを一つえらびなさい。

1) わたしは子どものことがいつもしんぱいです。

1　心配　　　　　　2　心記　　　　　　3　心助　　　　　4　心認

2) ボールを投げたら、まどに当たりました。

1　石　　　　　　　2　床　　　　　　　3　客　　　　　　4　窓

1. （　　　）に入れるのに最もよいものを、一つえらびなさい。

1) 学校から（　　　）書類をなくしてしまった。

1 放した　　　　　2 受けた　　　　　3 受け取った　　　　4 付き合った

2) 彼は足を（　　　）いすに座った。

1 入れて　　　　　2 重ねて　　　　　3 組んで　　　　　　4 進めて

3) 犬が庭におもちゃを（　　　　）います。

1 うめて　　　　　2 しめて　　　　　3 とめて　　　　　　4 にぎって

4) あそこの公園の運動場は、周りを木に（　　　　）います。

1 かけられて　　　2 かこまれて　　　3 こすられて　　　　4 ほられて

2. ＿＿＿＿に意味が最も近いものを、一つえらびなさい。

1) 生まれた町から離れて、生活しています。

1 いつも同じように　　　　　　　　2 いつも楽しく

3 遠いところに行って　　　　　　　4 どこにも行かないで

2) テストの結果がよくなかったので、かばんに隠した。

1 すぐ出せるように、しまった　　　2 誰にも見られないように、しまった

3 一つにまとめて、しまった　　　　4 他の物を出して、しまった

3. つぎのことばの使い方として最もよいものを、一つえらびなさい。

1) 掘る

1 コップを棚から掘って、テーブルに置いてください。

2 掃除のときに本棚を倒して、かべを掘ってしまった。

3 庭に穴を掘ってから、木を植えましょう。

4 猫が箱を掘って、中に入っていった。

2) たたく

1 このボタンを<u>たたく</u>と、コーヒーが出てきますよ。

2 自転車に乗った人が車に<u>たたかれた</u>のを見てしまった。

3 夜遅くに、急にドアを<u>たたく</u>音がしてびっくりした。

4 彼は何時間もサッカーボールを<u>たたいて</u>、練習していた。

4. _____ のことばの読み方として最もよいものを一つえらびなさい。

1) ここで<u>転ばない</u>ように気をつけてください。

1 あそばない　　　2 ころばない　　　3 さけばない　　　4 よばない

2) 交通ルールを<u>守る</u>のは、大切なことです。

1 きめる　　　2 みせる　　　3 まもる　　　4 しる

3) 大事な<u>約束</u>を忘れてしまった。

1 しゅくだい　　　2 れんしゅう　　　3 もくてき　　　4 やくそく

4) この<u>曲</u>は200年ぐらい前に作られました。

1 きょく　　　2 くつ　　　3 さら　　　4 ふく

5. _____ のことばを漢字で書くとき、最もよいものを一つえらびなさい。

1) あの人は、<u>えがお</u>がすてきな人です。

1 笑類　　　2 笑顔　　　3 笑観　　　4 笑様

2) 友達の家に遊びに行ったけれど、<u>るす</u>だった。

1 留守　　　2 留束　　　3 留家　　　4 留所

3) ゆりさんは、指でスプーンを<u>まげる</u>ことができる。

1 当げる　　　2 向げる　　　3 曲げる　　　4 目げる

4) 昨日、姉が知らない男性と腕を<u>くんで</u>歩いているのを見た。

1 組んで　　　2 結んで　　　3 細んで　　　4 給んで

23
回目

考える
（かんが）

Thinking
思考
Suy nghĩ

リスト p.93

1. （　　　）に入れるのに最もよいものを、一つえらびなさい。

1) 10年後、自分がどんな生活をしているか全く（　　　）できない。
1　決心（けっしん）　　　2　自慢（じまん）　　　3　想像（そうぞう）　　　4　募集（ぼしゅう）

2) みんなに言われてやっと、彼（かれ）は自分の間違（まちが）いを（　　　）。
1　受けた　　　2　答えた　　　3　認めた　　　4　許した

3) あの人が話したことはうそだったのに、全員（ぜんいん）が（　　　）しまった。
1　疑って　　　2　信（しん）じて　　　3　話して　　　4　守（まも）って

4) 父は病気になったとき、もうたばこは吸（す）わないと（　　　）したそうだ。
1　解決（かいけつ）　　　2　決心（けっしん）　　　3　節約（せつやく）　　　4　説明

5) 家族が見ているテレビが気になって、宿題（しゅくだい）に（　　　）できない。
1　集中　　　2　主張（しゅちょう）　　　3　心配（しんぱい）　　　4　意見

2. ＿＿＿＿に意味が最も近いものを、一つえらびなさい。

1) みんなの意見をまとめて、レポートを書いた。
1　意志（いし）　　　2　考え　　　3　調査（ちょうさ）　　　4　悩（なや）み

2) 来月のパーティーについて、二つか三つ、案を考えましょう。
1　アイディア　　　2　イベント　　　3　メニュー　　　4　スケジュール

3. つぎのことばの使い方として最もよいものを、一つえらびなさい。

1) 疑う
1　彼女（かのじょ）は今日のパーティーに来ないと疑います。
2　狭（せま）い道を歩くのは危（あぶ）ないと、母はわたしに疑った。
3　テストの問題が難（むずか）しくて、答えを疑ってしまった。
4　他（ほか）の人の言うことをすぐに疑うのはよくないよ。

46

2) うっかり

1　会社でいっしょに働いている人に、毎朝<u>うっかり</u>あいさつしている。

2　どうしてもほしいゲームがあるので、<u>うっかり</u>貯金するつもりだ。

3　話さないと約束していたのに、他の人に<u>うっかり</u>話してしまった。

4　来年は大学の入学試験を受けるので、今から<u>うっかり</u>勉強しようと思う。

4.　＿＿＿のことばの読み方として最もよいものを一つえらびなさい。

1)　この映画、<u>案外</u>おもしろかったよ。

1　あがい　　　　　2　あんがい　　　　3　あわい　　　　4　あんわい

2)　彼の話が本当かどうか、<u>疑って</u>います。

1　うたがって　　　2　しって　　　　　3　まよって　　　4　わかって

3)　昨日の会議の<u>内容</u>を教えてください。

1　うちおう　　　　2　うちよう　　　　3　ないおう　　　4　ないよう

4)　日本語を英語に<u>訳す</u>。

1　かえす　　　　　2　なおす　　　　　3　もどす　　　　4　やくす

5.　＿＿＿のことばを漢字で書くとき、最もよいものを一つえらびなさい。

1)　子どものいたずらだから<u>ゆるして</u>あげましょう。

1　許して　　　　　2　試して　　　　　3　計して　　　　4　認して

2)　あの人が来ないのは、何か<u>わけ</u>があるのでしょう。

1　別　　　　　　　2　理　　　　　　　3　訳　　　　　　4　分

3)　スピーチで何を話せばいいか、いい<u>あん</u>が思いつかない。

1　安　　　　　　　2　案　　　　　　　3　完　　　　　　4　窓

4)　ジュースをこぼして、かばんの<u>うちがわ</u>を汚した。

1　内側　　　　　　2　外側　　　　　　3　中側　　　　　4　表側

1. （　　　）に入れるのに最もよいものを、一つえらびなさい。

1) 彼が学校を辞めるという（　　　　）が、学校中に広がっている。

1 いたずら　　　　2 インタビュー　　3 うわさ　　　　4 ユーモア

2) 今晩、卒業後のことについて、両親と（　　　　）つもりだ。

1 知り合う　　　　2 取り消す　　　3 話し合う　　　4 やり直す

3) 大学で、学生たちがボランティアへの参加を（　　　）いた。

1 注文して　　　　2 怒鳴って　　　3 認めて　　　4 呼びかけて

4) 歌が下手だと言ったのは、ただの（　　　　）のつもりだったんです。

1 うわさ　　　　2 おしまい　　　3 じょうだん　　4 ひみつ

5) 自分の気持ちを言葉で（　　　　）のは、難しいです。

1 表す　　　　　2 呼ぶ　　　　3 破る　　　　4 許す

2. ＿＿＿＿に意味が最も近いものを、一つえらびなさい。

1) あの人はフランス語がぺらぺらだそうですよ。

1 少し話せる　　　2 とても上手だ　　3 とても下手だ　　4 話せない

2) ここまでできたら、報告してくださいね。

1 書いて　　　　　2 出して　　　　3 教えて　　　4 認めて

3. つぎのことばの使い方として最もよいものを、一つえらびなさい。

1) 慰める

1 家族が気持ちよく過ごせるように、部屋をきれいに慰めた。

2 この商品は服の汚れがよく落ちるので、洗濯が慰められます。

3 大学に合格できなかったわたしを、母は優しく慰めてくれた。

4 運動して疲れましたから、ここに座って体を慰めましょう。

2) 怒鳴る

1　大きい声で歌を怒鳴っていたら、母にうるさいと言われた。

2　となりの家のおじいさんが、いたずらをした男の子を怒鳴った。

3　バスと自転車の事故のため、救急車が怒鳴りながら走っていった。

4　店に入ろうとしたら、列に並べと小声で怒鳴られた。

4. 　＿＿＿のことばの読み方として最もよいものを一つえらびなさい。

1)　電車の中で、大声で話すと迷惑ですよ。

1　おおこえ　　　2　おおごえ　　　3　だいこえ　　　4　だいごえ

2)　今日、新しいゲームの発売が発表されました。

1　はっひょう　　2　はっひょ　　　3　はっぴょ　　　4　はっぴょう

3)　昨日の掃除のことで、母に怒られた。

1　ほめられた　　2　おこられた　　3　きめられた　　4　しかられた

4)　わたしの番になったら、呼んでくれますか。

1　もうしこんで　2　えらんで　　　3　さけんで　　　4　よんで

5. 　＿＿＿のことばを漢字で書くとき、最もよいものを一つえらびなさい。

1)　これはあの人のお願いだから、ことわることはできません。

1　断る　　　　　2　計る　　　　　3　理る　　　　　4　配る

2)　多くの人が、自分たちの主張をさけびながら歩いていた。

1　告び　　　　　2　叫び　　　　　3　呼び　　　　　4　怒び

3)　試験の結果を先生にほうこくした。

1　報話　　　　　2　報結　　　　　3　報告　　　　　4　報苦

4)　わたしは、自分の気持ちを言葉でひょうげんするのが苦手だ。

1　表現　　　　　2　果現　　　　　3　発現　　　　　4　集現

25
回目

い形容詞
けいよう し

い－adjectives
い形容词
Tính từ い

リスト　p.95

やってみよう　例のように、いっしょに使うことばをえらびなさい。

例）やさしい・　　　　　　　・光

1）くわしい・　　　　　　　・仕事

2）きつい　・　　　　　　　・色

3）まぶしい・　　　　　　　・説明

4）こい　　・　　　　　　　・人

I.（　　　）に入れるのに最もよいものを、一つえらびなさい。

1）いい生活をしている人が（　　　　）です。

1　うらやましい　　2　うるさい　　　　3　つまらない　　4　きびしい

2）ここは（　　　　）坂だから、自転車でも簡単に登れる。
　　　　　　　　　　　　さか　　　　　　　　　　かんたん　のぼ

1　きつい　　　　2　怖い　　　　　3　高い　　　　4　緩い
　　　　　　　　　　こわ　　　　　　　　　　　　　　ゆる

3）あの人は（　　　　　）、クラスの友達ともあまり話しません。
　　　　　　　　　　　　　　ともだち

1　おとなしくて　　2　賢くて　　　　3　詳しくて　　4　親しくて
　　　　　　　　　　　　　　　　　　　　くわ

4）空が暗くなって、急に（　　　　）雨が降ってきた。
　　　　　　　　　　　　　　　　　　　ふ

1　大きい　　　　2　多い　　　　　3　まぶしい　　4　はげしい

5）昨日はサッカーの試合に負けて、とても（　　　　）。
　きのう

1　くやしかった　　2　こわかった　　3　さびしかった　　4　まぶしかった

2.　＿＿＿に意味が最も近いものを、一つえらびなさい。

1）このナイフは鋭いので、使うときに気をつけてください。
　　　　　　　　すると

1　切りにくい　　2　よく切れる　　3　とても重い　　4　とても小さい

2) 小さいころから、彼女の家は貧しかった。

1 お金がなかった　　2 せまかった　　　　3 人が多かった　　4 にぎやかだった

3. つぎのことばの使い方として最もよいものを、一つえらびなさい。

1) まぶしい

1 彼女はいつもまぶしいので、みんなに人気があります。

2 たくさんの星が空にあって、まぶしくてきれいだった。

3 窓から入る光がまぶしいので、カーテンを閉めましょう。

4 この絵は色が暗いので、もう少しまぶしい色を使ったほうがいいですよ。

2) きつい

1 太ってしまったから、去年のスカートがきつくて、はけません。

2 昨日買ったばかりのパンが、もうきつくなってしまった。

3 彼女は大変なことがあっても負けない、きつくてすてきな人です。

4 父からもらったシャツがちょうど自分のサイズで、きつかった。

4. ＿＿＿＿のことばの読み方として最もよいものを一つえらびなさい。

1) あの人は賢いので、失敗しないだろう。

1 したしい　　　　2 かしこい　　　　3 すごい　　　　4 するどい

2) わたしの留学の費用は、両親にとって大きな負担です。

1 ふうたん　　　　2 ふたん　　　　3 ぶたん　　　　4 ふったん

5. ＿＿＿＿のことばを漢字で書くとき、最もよいものを一つえらびなさい。

1) この料理は味がこくて、あまり好きじゃないです。

1 温くて　　　　2 減くて　　　　3 混くて　　　　4 濃くて

2) 一人でせいかつするのは大変です。

1 生活　　　　2 生告　　　　3 生結　　　　4 生苦

26回目 な形容詞など

な - adjectives, etc.
な形容詞等
Tính từ な, v.v.

リスト p.96

やってみよう 例のように、いっしょに使うことばをえらびなさい。

例) 地味な •　　　　　　　　• 人
1) 正直な •　　　　　　　　• 野菜
2) 複雑な •　　　　　　　　• 服
3) 新鮮な •　　　　　　　　• 問題
4) 急な •　　　　　　　　• 坂

I. （　　　）に入れるのに最もよいものを、一つえらびなさい。

1) 歩くだけの（　　　）運動でも、健康にいいですよ。
　1　確実な　　　　2　正直な　　　　3　単純な　　　　4　当然な

2) この仕事は少し（　　　）なので、みんなで分けたほうがいいと思う。
　1　意外　　　　2　地味　　　　3　迷惑　　　　4　面倒

3) （　　　）用事ができてしまったので、あしたは休ませていただきます。
　1　主な　　　　2　急な　　　　3　豊かな　　　　4　地味な

4) これはわたしが直接確認した、（　　　）情報です。
　1　おかしな　　　　2　新鮮な　　　　3　確かな　　　　4　派手な

5) 色もデザインも派手じゃない、（　　　）服が好きです。
　1　立派な　　　　2　素直な　　　　3　オーバーな　　　　4　シンプルな

2. ＿＿＿＿に意味が最も近いものを、一つえらびなさい。

1) やせようと思って、あらゆる方法を試してみたが、だめだった。
　1　教えられた　　　　2　考えた　　　　3　ぜんぶの　　　　4　たくさんの

2) 自分の間違いに気がついたら、正直に言ってください。

1 うそをつかないで

2 間違わないで

3 もっと詳しく

4 目を見て

3. つぎのことばの使い方として最もよいものを、一つえらびなさい。

1) 重大

1 母からもらった重大な時計を、箱に入れました。

2 新しい商品がぜんぜん売れないことは、重大な問題です。

3 この荷物は少し重大なので、気をつけて持ってください。

4 このクラスでいちばん重大な人は、田中さんです。

2) 主

1 駅前は人も店も多くて、この町でいちばん主な場所です。

2 父はとても主な病気になってしまいました。

3 今日の主なニュースをお知らせします。

4 あなたの人生でいちばん主なことは何ですか。

4. ＿＿＿＿のことばの読み方として最もよいものを一つえらびなさい。

1) こんなに勉強したのだから、次の試験は確実に合格するだろう。

1 かくざつ 2 かくじつ 3 かくしつ 4 かくみ

2) この地方は、自然が豊かで、いいところですよ。

1 おおか 2 たしか 3 ほうか 4 ゆたか

5. ＿＿＿＿のことばを漢字で書くとき、最もよいものを一つえらびなさい。

1) 朝の電車はいつもこんざつしています。

1 混雑 2 混確 3 混務 4 混複

2) これはたんじゅんな問題です。

1 短純 2 単純 3 多純 4 当純

やってみよう　正しいほうをえらびなさい。

1)　今まで彼女（かのじょ）と話したのは（　そっと　たった　）1回です。

2)　二つの箱（はこ）の中の物を（　さっぱり　そっくり　）入れかえました。

3)　彼（かれ）は外で遊（あそ）ぶ子どもたちを（　ぼんやり　なるべく　）眺（なが）めていた。

4)　彼（かれ）は授業中（じゅぎょうちゅう）、（　自動的（じどうてき）に　積極的（せっきょくてき）に　）自分の意見を言った。

5)　このりんごは（　ずいぶん　なるべく　）大きいですね。

1.　（　　　）に入れるのに最もよいものを、一つえらびなさい。

1)　20年前と比（くら）べて、この町は（　　　　）大きくなったなあ。

1　さっぱり　　　　2　ずいぶん　　　　3　ぼんやり　　　　4　なるべく

2)　この後も部屋（へや）を使うので、エアコンは（　　　　）つけておいてください。

1　さっぱり　　　　2　ぜんぜん　　　　3　そっくり　　　　4　そのまま

3)　息子（むすこ）は（　　　　）半年の間に5センチも背（せ）が高くなった。

1　さすが　　　　2　そっと　　　　3　たった　　　　4　つまり

4)　今年は（　　　　）試験（しけん）に合格（ごうかく）したいので、がんばって勉強しないと。

1　完全（かんぜん）に　　　2　絶対（ぜったい）に　　　3　自動的（じどうてき）に　　　4　積極的（せっきょくてき）に

5)　今夜は勉強するということは、（　　　　）映画は見ないということですね。

1　もっと　　　　2　すべて　　　　3　そっと　　　　4　つまり

2.　＿＿＿＿に意味が最も近いものを、一つえらびなさい。

1)　今日のテストは難（むずか）しくて、全（まった）くわからなかった。

1　あまり　　　　2　さっぱり　　　　3　ほとんど　　　　4　よく

2) 彼は部屋からそっと出ていった。

1　急いで　　　　　2　のんびり　　　　3　静かに　　　　4　一人で

3. つぎのことばの使い方として最もよいものを、一つえらびなさい。

1) なるべく

1　わたしは、なるべく毎日、日本語を勉強するようにしています。

2　今日の試合は勝ちたかったので、なるべくがんばりました。

3　来週のパーティーに来る人は、なるべく30人ぐらいです。

4　水と空気は、人間が生きるためになるべく必要です。

2) さすが

1　がんばって勉強したのに、テストの問題はさすが解けなかった。

2　買ったばかりのかばんなのに、さすが1週間で壊れてしまった。

3　天気が悪くなりそうだと思っていたら、さすが雨が降ってきたよ。

4　どの料理もとてもおいしくて、さすがプロの料理人ですね。

4. ＿＿＿のことばの読み方として最もよいものを一つえらびなさい。

1) 今日の仕事は全て終わりました。

1　すへて　　　　　2　すべて　　　　　3　せんて　　　　4　ぜんて

2) パーティーの準備は、順調に進んでいます。

1　しゅんちょう　　2　じゅんちょう　　3　すんちょう　　　4　ずんちょう

5. ＿＿＿のことばを漢字で書くとき、最もよいものを一つえらびなさい。

1) 昨日の夜は、何も食べないでねてしまいました。

1　眠て　　　　　　2　床て　　　　　　3　寝て　　　　　4　宿て

2) あの人はぜったいにお酒を飲みません。

1　絶対　　　　　　2　接対　　　　　　3　決対　　　　　4　純対

やってみよう　正しいほうをえらびなさい。

1) （　いよいよ　たまたま　）昨日やった問題がテストに出た。

2) 昨日見た映画は、（　まあまあ　まだまだ　）おもしろかったです。

3) 地震で家が（　からから　ぐらぐら　）と揺れました。

4) みんなの意見が（　からから　ばらばら　）に分かれてしまった。

I. （　　　）に入れるのに最もよいものを、一つえらびなさい。

1) 夕方になって、コンサート会場は（　　　　）人が多くなってきた。

1　からから　　　　2　たまたま　　　　3　とんとん　　　　4　ますます

2) 缶の中に小さい石が入っていて、（　　　　）と音がします。

1　からから　　　　2　ぐらぐら　　　　3　とんとん　　　　4　ばらばら

3) 準備に2か月かかったスピーチ大会が（　　　　）始まります。

1　次々に　　　　　2　突然　　　　　　3　いよいよ　　　　4　まだまだ

4) いい天気だったのに、（　　　　）空が暗くなって、雨が降ってきた。

1　今回　　　　　　2　早速　　　　　　3　次々　　　　　　4　突然

5) 天気予報によると、この雪は（　　　　）やまないらしい。

1　たまたま　　　　2　とっくに　　　　3　まだまだ　　　　4　ようやく

2. _____に意味が最も近いものを、一つえらびなさい。

1) 病院で1時間待って、<u>ようやく</u>自分の番が来た。

1　すぐに　　　　　2　つぎは　　　　　3　やっと　　　　　4　ゆっくり

2) <u>以前</u>先生の家に 伺 ったときに、彼女と知り合ったんです。

1 先週　　　　　　2 昨日　　　　　　3 朝　　　　　　4 前に

3. つぎのことばの使い方として最もよいものを、一つえらびなさい。

1) 早速

1 この電車に乗れば、<u>早速</u>着くと思います。

2 新しいパソコンを買ったので、<u>早速</u>使ってみた。

3 あしたはいつもより<u>早速</u>起きなければいけません。

4 レポートのしめ切りは、<u>早速</u>過ぎましたよ。

2) 次々と

1 この町は、新しいビルが<u>次々と</u>建てられている。

2 彼の日本語は<u>次々と</u>上手になっていますね。

3 昨日の午後は４時間ぐらい<u>次々と</u>勉強していた。

4 わたしは映画が好きで、<u>次々と</u>映画館に行きます。

4. ＿＿＿＿のことばの読み方として最もよいものを一つえらびなさい。

1) お湯を<u>沸かして</u>コーヒーを飲みましょう。

1 きかして　　　　2 とかして　　　　3 ふかして　　　　4 わかして

2) <u>突然</u>、強い風が吹いてきました。

1 いぜん　　　　　2 しぜん　　　　　3 つんぜん　　　　4 とつぜん

5. ＿＿＿＿のことばを漢字で書くとき、最もよいものを一つえらびなさい。

1) <u>じかい</u>の会議は水曜日に行います。

1 今回　　　　　　2 以回　　　　　　3 次回　　　　　　4 来回

2) 海の近くできれいな<u>いし</u>を拾った。

1 石　　　　　　　2 実　　　　　　　3 束　　　　　　　4 豆

29 回目 カタカナの言葉（I）

Words written in katakana I
外来语（1）
Từ viết bằng katakana 1

リスト p.99

1. （　　　）に入れるのに最もよいものを、一つえらびなさい。

1) あの店は、料理がおいしいし（　　　　）もいいので人気がある。

1　サービス　　　　　2　スーパー　　　　　3　テーマ　　　　　4　レポート

2) 高田さんが電話に出ないので、（　　　　）を残しておいた。

1　アイディア　　　2　スピーチ　　　　3　メッセージ　　　4　レコード

3) 日本語で（　　　　）ができるようになって、うれしいです。

1　オーバー　　　　2　グループ　　　　3　コミュニケーション　4　ユーモア

4) マラソン選手が（　　　　）を間違えて、走っていってしまった。

1　クリーム　　　2　コース　　　　3　セット　　　　4　プラン

5) テーブルといすの（　　　　）を買った。

1　グループ　　　2　チャンス　　　　3　セット　　　　4　プラン

2. ＿＿＿＿に意味が最も近いものを、一つえらびなさい。

1) 仕事が入ってしまったので、病院の予約を<u>キャンセルした</u>。

1　中止した　　　2　取った　　　　3　取り消した　　　4　忘れた

2) あと5分で、サッカーの試合が<u>スタートする</u>。

1　終わる　　　　2　続く　　　　3　止まる　　　　4　始まる

3. つぎのことばの使い方として最もよいものを、一つえらびなさい。

1) オーバー

1　京都の旅行では、買い物が<u>オーバー</u>してお金を使いすぎた。

2　ワンさんは、スピーチで決められた時間を5分も<u>オーバー</u>した。

3　彼女は食事が<u>オーバー</u>しても太らないので、ちょっとうらやましい。

4　ガスの火が<u>オーバー</u>して、焼いていた牛肉がかたくなってしまった。

2) オープン

1　うちの近くに、新しいスーパーが<u>オープン</u>するらしい。

2　わたしが通う大学の授業(じゅぎょう)は、9時から<u>オープン</u>する。

3　パーティーは<u>オープン</u>ですから、いっしょに行きませんか。

4　刺身(さしみ)にするため、大きな魚のおなかを包丁(ほうちょう)で<u>オープン</u>した。

4. _____ のことばの読み方として最もよいものを一つえらびなさい。

1)　電気を<u>消して</u>ください。

1　おして　　　　　2　かして　　　　　3　おとして　　　　　4　けして

2)　このクリームはかなり<u>甘い</u>。

1　あまい　　　　　2　うまい　　　　　3　からい　　　　　4　しろい

3)　すみませんが、山中(やまなか)さんに「遅(おく)れます」と<u>伝えて</u>ください。

1　おしえて　　　　2　おぼえて　　　　3　こたえて　　　　4　つたえて

4)　あのレストランは人気があるので、席(せき)を<u>予約</u>しておいたほうがいいです。

1　よあく　　　　　2　ようやく　　　　3　よやくう　　　　4　よやく

5. _____ のことばを漢字で書くとき、最もよいものを一つえらびなさい。

1)　これまで、日本に行く<u>きかい</u>が一度もありませんでした。

1　機回　　　　　　2　機会　　　　　　3　来回　　　　　　4　来会

2)　時間になったので帰ろうとしたら、仕事を<u>たのまれて</u>しまった。

1　以まれて　　　　2　飲まれて　　　　3　頼まれて　　　　4　問まれて

3)　次(つぎ)の日曜日は、ドライブに行く<u>よてい</u>だ。

1　有体　　　　　　2　予定　　　　　　3　用体　　　　　　4　予約

4)　これは、昔(むかし)から日本に<u>つたわる</u>話だ。

1　通わる　　　　　2　教わる　　　　　3　注わる　　　　　4　伝わる

30
回目

カタカナの言葉（2）

Words written in katakana 2
外来語（2）
Từ viết bằng katakana 2

リスト p.100

やってみよう 例のように、意味が近いことばをえらびなさい。

例) スピード・　　　　　　　・印象

1) ゲーム　・　　　　　　　　・試合

2) イメージ・　　　　　　　　・切符<ruby>切符<rt>きっぷ</rt></ruby>

3) チケット・　　　　　　　　・速さ<ruby>速さ<rt>はや</rt></ruby>

I. （　　　）に入れるのに最もよいものを、一つえらびなさい。

1) あの歌手は人気があって、コンサートの（　　　　）がなかなか買えない。

　1　エンジン　　　　　2　チェック　　　　3　チケット　　　　4　ドラマ

2) 手をきれいに洗<ruby>洗<rt>あら</rt></ruby>ってから、乾<ruby>乾<rt>かわ</rt></ruby>いた（　　　　）でふきました。

　1　エアコン　　　　　2　タオル　　　　　3　トイレ　　　　　4　ボタン

3) 車の（　　　　）を見ていたら、買いたくなってきてしまった。

　1　イメージ　　　　　2　カタログ　　　　3　チーム　　　　　4　ドライブ

4) ハメスが（　　　　）になってから、あのサッカーチームは強くなった。

　1　アルバイト　　　　2　キャプテン　　　3　ダイエット　　　4　ハンサム

5) もっと速<ruby>速<rt>はや</rt></ruby>く走れるように、毎日（　　　　）しています。

　1　オープン　　　　　2　カバー　　　　　3　コース　　　　　4　トレーニング

---

2. _____ に意味が最も近いものを、一つえらびなさい。

1) チケットを持っていますか。

　1　切手　　　　　　　2　切符<ruby>切符<rt>きっぷ</rt></ruby>　　　　　3　はがき　　　　　4　封筒<ruby>封筒<rt>ふうとう</rt></ruby>

2) わたしは最近、人間関係の<u>トラブル</u>で悩んでいる。

1　こと　　　　　　　2　世話　　　　　　3　間違い　　　　　4　問題

3. つぎのことばの使い方として最もよいものを、一つえらびなさい。

1) カット

1　もう遅いので、そろそろ仕事を<u>カット</u>して家に帰りましょう。

2　この部屋を出るときは、エアコンを<u>カット</u>してください。

3　高田さんは問題を起こして、会社から<u>カット</u>されてしまった。

4　暑くなったので、子どもたちの髪を短く<u>カット</u>した。

2) デザイン

1　そのドレス、ちょっと変わった<u>デザイン</u>ですね。

2　わたしは将来、家を買うことを<u>デザイン</u>している。

3　友達といっしょに来月の京都旅行を<u>デザイン</u>した。

4　山中さんの新しい家は、とても<u>デザイン</u>ですね。

4. ＿＿＿＿のことばの読み方として最もよいものを一つえらびなさい。

1) 初めて会ったとき、コーチの<u>印象</u>はあまりよくなかった。

1　いんしゅう　　　2　いんしょう　　　3　いんじょう　　　4　いんぞう

2) 今夜は寒いから、<u>毛布</u>をもう一枚かけようと思う。

1　もうふ　　　　　2　もっふ　　　　　3　もふ　　　　　　4　もふう

5. ＿＿＿＿のことばを漢字で書くとき、最もよいものを一つえらびなさい。

1) あなたが好きな<u>えいが</u>は何ですか。

1　映画　　　　　　2　映楽　　　　　　3　映学　　　　　　4　映回

2) 息子は昼間たくさん<u>あそんだ</u>ので、疲れて早く寝た。

1　遊んだ　　　　　2　進んだ　　　　　3　運んだ　　　　　4　休んだ

模擬試験
もぎしけん

Mock Test
模拟题
Bài thi thử

問題 1 _____のことばの読み方として最もよいものを、1・2・3・4から一つえらびなさい。

1 あのレストランは朝 7 時から営業している。

　　1　えいぎょ　　　　2　えいぎょう　　　3　えぎょ　　　　4　えぎょう

2 旅行の計画を立てましょう。

　　1　けいか　　　　　2　けいかく　　　　3　けいが　　　　4　けいがく

3 友人のかばんを汚してしまいました。

　　1　こわして　　　　2　なくして　　　　3　ほして　　　　4　よごして

4 危険ですから、道路で遊ばないでください。

　　1　どろ　　　　　　2　どろう　　　　　3　どうろ　　　　4　どうろう

5 兄は大学を出て、銀行に就職した。

　　1　しゅうしゅく　　2　しゅうしょく　　3　しゅしゅく　　4　しゅしょく

6 りんごを大きさで分類して、箱に入れました。

　　1　ふんるい　　　　2　ふんれい　　　　3　ぶんるい　　　4　ぶんれい

7 外で誰かが叫んでいますね。

　　1　あそんで　　　　2　ころんで　　　　3　さけんで　　　4　よんで

8 この部屋を使うときは、許可を取らなければならない。

　　1　きゅうか　　　　2　きゅか　　　　　3　きょうか　　　4　きょか

問題2 _____のことばを漢字で書くとき、最もよいものを、1・2・3・4から一つえらびなさい。

---

9 この本は難しくて、ないようがよくわかりません。

| 1 内客 | 2 内案 | 3 内容 | 4 内突 |

---

10 子どもたちにお菓子をくばりました。

| 1 届り | 2 配り | 3 付り | 4 給り |

---

11 この店ではお酒をはんばいしていない。

| 1 飯売 | 2 飯買 | 3 販売 | 4 販買 |

---

12 住んでいる町のかこの様子について調べています。

| 1 過古 | 2 過去 | 3 週古 | 4 週去 |

---

13 インターネットで注文していた品物がとどいた。

| 1 到いた | 2 届いた | 3 配いた | 4 付いた |

---

14 他の国の文化や言葉にかんしんがあります。

| 1 間心 | 2 簡心 | 3 開心 | 4 関心 |

問題 3 （　　　　）に入れるのに最もよいものを、1・2・3・4から一つえらびなさい。

15 子どもたちがテーブルを（　　　　）楽しそうにゲームをしている。

   1　配って　　　　　　2　囲んで　　　　　　3　重ねて　　　　　　4　混ぜて

16 自分でしっかりと（　　　　）を立てて、努力を続けています。

   1　結果　　　　　　2　特長　　　　　　3　整理　　　　　　4　目標

17 あわてていたので、（　　　　）反対の方向に行く電車に乗ってしまった。

   1　うっかり　　　　2　さっぱり　　　　3　せっかく　　　　4　そっくり

18 朝の時間は2、3分（　　　　）で電車が来るが、どの電車も混んでいる。

   1　間隔　　　　　　2　期間　　　　　　3　時刻　　　　　　4　短期

19 このラーメン店はとても人気で、お客さんが（　　　　）を作って並んでいる。

   1　券　　　　　　　2　線　　　　　　　3　波　　　　　　　4　列

20 両親はわたしがいい大学に入ることを（　　　　）しています。

   1　確認　　　　　　2　期待　　　　　　3　指導　　　　　　4　理解

21 急に予定が入ってしまったので、友人との約束を（　　　　）した。

   1　オーバー　　　　2　カット　　　　　3　キャンセル　　　　4　セット

22 一人ではなく何人かの人が関係していると、問題は（　　　　）になる。

   1　確実　　　　　　2　不安　　　　　　3　順調　　　　　　4　複雑

23 赤いセーターをどこに（　　　　）のかわからなくて、ずっと探している。

   1　かさねた　　　　2　しまった　　　　3　ためた　　　　　4　はさんだ

24 昨日から熱があって頭が（　　　　　）するので、仕事を休んだ。

   1　がらがら　　　　2　からから　　　　3　ぶらぶら　　　　4　ふらふら

25 となりの部屋がうるさくて、勉強に（　　　　　）することができない。

   1　参加　　　　　　2　集中　　　　　　3　成功　　　　　　4　努力

問題4　＿＿＿＿に意味が最も近いものを、1・2・3・4から一つえらびなさい。

26 駅から10キロも歩いて、<u>くたびれた</u>。

   1　大変だった　　　2　疲れた　　　　　3　遅くなった　　　4　道を間違えた

27 晩ご飯の<u>支度</u>をしましょう。

   1　買い物　　　　　2　準備　　　　　　3　手伝い　　　　　4　注文

28 いい天気だったのに、<u>突然</u>雨が降り始めた。

   1　だんだん　　　　2　急に　　　　　　3　少し　　　　　　4　たくさん

29 あの人は<u>おとなしい</u>人です。

   1　静かな　　　　　2　いつも元気な　　3　頭がいい　　　　4　印象がいい

30 実験が失敗したので、他の方法を<u>試そう</u>。

   1　やってみよう　　2　聞いてみよう　　3　考えよう　　　　4　調べよう

問題5 つぎのことばの使い方として最もよいものを、1・2・3・4から一つえらびなさい。

31 順調
1 仕事が予定通り順調に進んでいるか、教えてください。
2 ラーメン屋の前に、多くの人が順調に並んでいます。
3 あそこの道は狭いので、車で順調に通るのが難しい。
4 彼は日本語が上手で、順調に話すことができます。

32 進歩
1 事故で道が混雑していて、バスがなかなか進歩しない。
2 スケジュールの通りに、作業を進歩してください。
3 科学技術が進歩して、あらゆることが自動化されてきた。
4 この町は人が増えてにぎやかになり、とても進歩した。

33 認める
1 来週の予定を認めてから、パーティーに行けるかどうかお返事します。
2 言葉の意味がわからなかったので、辞書で意味を認めた。
3 彼が会議のときに出た意見を認めて、報告してくれました。
4 彼はみんなに言われて、やっと自分の間違いを認めた。

34 かける
1 長い間連絡をかけていなかった小学校の先生に、手紙を書いた。
2 外出するときは、必ず鍵をかけてから出かけてください。
3 両親からもらったネクタイをかけて、大学の入学式に行った。
4 友人がこちらに向かって歩いてきたので、手をかけて呼んでみた。

35 落ち着く
1 テーブルからフォークが落ち着いてしまったので、新しいのをください。
2 新しい仕事と引っ越しで忙しかったが、最近やっと気持ちが落ち着いた。
3 ずっと調子が悪かったエアコンが、とうとう落ち着いたので修理しよう。
4 次の旅行について話し合ったけれど、みんなの意見は落ち着かなかった。

リストパート

List part
知识点列表篇
Phần danh mục

1
回目

生活（1）—わたしの一日—
せいかつ　　　　　　　　　　いちにち

Living 1: My daily routine
日常生活（1）我的一天
Cuộc sống 1: Một ngày của tôi

ことば

☐ 家族と暮らす I
かぞく　　く
Live
生活
sống

☐ 楽しい時間を
たの　　じかん
過ごす I
す
Spend, pass
度过
trải qua

☐ うちで
のんびり（と）する
In a relaxed way
悠闲
thư thái

★ くたびれる II
つか
⇔ 疲れる
Get tired
疲惫
mệt lả

★ ぐっすり（と）眠る
ねむ
(Sleep) soundly
香甜地（睡）
say sưa

☐ ちょっと
立ち止まる I
た　ど
Come to a (sudden) stop
站住，停步
đứng lại

★ 偶然、友達に会う
ぐうぜん　ともだち　あ
By chance
偶然
tình cờ

★ 中古の車
ちゅうこ　くるま
Used, second-hand
二手，旧的
hàng đã qua sử dụng

☐ 友達と
ともだち
ドライブする
Go for a drive
兜风
lái xe đi chơi

★ スケジュール
よてい
⇔ 予定
Schedule
计划
lịch trình

☐ 予定を確認する
よてい　かくにん
Confirm, check
核实
xác nhận

☐ ふだん、着る服
き　ふく
Usually
平时
thông thường

☐ 派手な色
はで　いろ
Showy, flashy
鲜艳
sặc sỡ

☐ 暖かい服装
あたた　ふくそう
Clothes
衣服
trang phục

漢字

暮	く・らす　　暮らす I く・れる　　日が暮れる II	眠	ミン　　　　睡眠 すいみん ねむ・る　　眠る I ねむ
過	カ　　　　　過去 か こ す・ごす　　時間を過ごす I じかん す す・ぎる　　時間が過ぎる II じかん す	確	カク　　　　正確な せいかく たし・か　　確か たし たし・かめる　確かめる II たし
疲	つか・れる　疲れる II つか	認	ニン　　　　確認する かくにん みと・める　認める II みと

過去→20回目　　　睡眠：Sleep／睡眠／giấc ngủ　　　正確な：Correct／正确／chính xác　　　確か→26回目
確かめる→16回目　　認める→23回目

生活 (2) ―家をきれいにする―
せいかつ　　　　　　　　　いえ

Living 2: Cleaning the home
日常生活（2）打扫卫生
Cuộc sống 2: Dọn dẹp nhà cửa

ことば

★ 水を床にこぼす I
みず ゆか

Floor　　Spill
地板　　溢出
sàn　　làm đổ

★ 窓を拭く I
まど ふ

Wipe
擦拭
lau

□ 高い所に手が届く I
たか ところ て とど

Reach, attain
够到
chạm đến

□ 手紙が届く I
てがみ とど

Be delivered, arrive
到达，收到
(vật) đến nơi

□ 机を動かす I
つくえ うご
自 動く
うご

Move (something)
移动
di chuyển

□ きちんと片付ける
かた づ

Properly, neatly
整齐
ngăn nắp

★ 本を重ねる II
ほん かさ
自 重なる
かさ

Stack, pile up
摞
chồng lên

★ 本を整理する
ほん せいり
= 片付ける
かた づ

Organise, sort out
整理
sắp xếp

★ 本を分類する
ほん ぶんるい

Sort, classify
分类
phân loại

★ 新聞紙を
しんぶんし
ひもでしばる I

Tie up, bundle
捆扎
cột lại

□ ごみを捨てる II
す
⟷ 拾う
ひろ

Throw away, discard
扔
bỏ

□ ごみをまとめる II

Gather together
归置，汇总
thu gom

□ 意見をまとめる II
いけん

Gather, summarize
归纳
thống nhất

□ 庭に木を植える II
にわ き う

Plant, grow
种植
trồng

★ 草を抜く I
くさ ぬ

Pull out
拔掉
nhổ

★ 水を抜く I
みず ぬ

Release, drain out
排出
tháo

□ 水をためる II
みず
自 たまる

Store, accumulate
储存
trữ

漢字

床	ゆか	床ゆか	捨	す・てる	捨てる II す
所	ショ / ところ	場所ば しょ / 所ところ	庭	テイ / にわ	家庭か てい / 庭にわ
届	とど・く / とど・ける	手紙が届く I てがみ とど / 手紙を届ける II てがみ とど	植	ショク / う・える	植物しょくぶつ / 植える II う
類	ルイ	分類するぶんるい / 種類しゅるい			

種類：Kind, type ／种类／ chủng loại　　　植物：Plant ／植物／ thực vật

3
回目

せいかつ
生活（3）― 料理・洗濯 ―
りょうり　せんたく

Living 3: Doing the cooking and laundry
日常生活（3）做饭、清洗
Cuộc sống 3: Nấu ăn / Giặt giũ

ことば

★ 食事の**支度**をする しょくじ　したく	Preparations, arrangements 准备 sự chuẩn bị	
□ パンにチーズを**挟む** I はさ	Insert between two things 夹 kẹp lại	
★ 鍋に水を**加える** II なべ　みず　くわ	Add, pour into 添加 thêm vào	
★ お湯が**沸騰**する ⇔ 沸く ゆ　ふっとう　わ	Boil 沸腾 sôi	
★ スープを**かき混ぜる** II ま	Stir, mix in 搅拌 khuấy	
□ コップにお湯を**注ぐ** I ゆ　そそ	Pour, fill with 倒入 rót, đổ vào	
★ 重さを**量る** I おも　はか	Weigh, measure 称量 cân, đo	
★ **豆**のスープ まめ	Bean 豆子 đậu	
★ 中国**産**の野菜 ちゅうごくさん　やさい	From ~, made in ~ ~产 xuất xứ ~	

□ ピザを**注文**する ちゅうもん	Order 点菜，订货 gọi món	
□ **汚れ**が**落ちる** よご　お	Dirt, pollution 污垢 chỗ bẩn	
★ **汚れ**が**染み**になる よご　し	Stain, blemish 污渍，污痕 vết, vệt	
□ ボタンが**取れる** II と	Come off, detach 掉落 sút ra	
□ 靴を**磨く** I くつ　みが	Polish 擦 đánh bóng	
□ 歯を**磨く** I は　みが	Brush (teeth) 刷 đánh	
□ シャツを**干す** I ほ	Dry, air 晾干 phơi	
★ 服を**しまう** I ⇔ 片付ける ふく　かたづ	Put away 整理，收纳 cất	

漢字

加	カ くわ・える くわ・わる	参加する さんか 塩を加える II しお　くわ 人が加わる I ひと　くわ	産	サン う・む	～産：日本産 さん　にほんさん 子どもを産む I こ　う
混	コン ま・ざる ま・ぜる こ・む	混雑する こんざつ 塩が混ざる I しお　ま かき混ぜる II ま 混む I こ	汚	よご・れる よご・す きたな・い	服が汚れる II ふく　よご 汚れ よご 服を汚す I ふく　よご 汚い きたな
豆	まめ	豆 まめ	干	ほ・す	干す I ほ

参加する→4回目　　加わる：Join ／加入／ tham gia　　混雑する→14回目
混ざる：Be mixed (in) ／混杂／ được trộn lẫn　　産む：Give birth ／生（孩子）／ sinh ra
汚す：Make dirty, soil ／弄脏／ làm bẩn

ことば

☑ **芸術（げいじゅつ）を楽（たの）しむ** — Art, fine arts / 艺术 / nghệ thuật

☐ **イベントが行（おこな）われる** — (Entertainment) event / 活动 / sự kiện

☐ **イベントに参加（さんか）する** — Participate / 参加 / tham gia

☑ **観客（かんきゃく）が集（あつ）まる** — Audience, spectators / 观众 / quan khách

☑ **会場（かいじょう）が満員（まんいん）になる** — Full house / 满员 / đầy kín

☑ **コンサートが進行（しんこう）する** — Proceed, be underway / 举行 / diễn ra, tiến hành

☐ **ピアノを演奏（えんそう）する** — Play, perform / 演奏 / trình diễn

☐ **歌手（かしゅ）として活動（かつどう）する** — Work, be active / 工作，活动 / hoạt động

共通（きょうつう）の趣味（しゅみ）
☑ ➔ **共通点（きょうつうてん）** — Common, shared / 相同 / chung
➔ **共通（きょうつう）する**

旅行（りょこう）が延期（えんき）になる
☑ ➔ **延期（えんき）する** — Postponement, putting off / 延期 / trì hoãn

日本（にほん）の建築（けんちく）
☑ ➔ **建築（けんちく）する** — Architecture / 建筑 / kiến trúc

☑ **立派（りっぱ）なお寺（てら）** — Magnificent, splendid / 精美，精彩 / uy nghi, tráng lệ

☐ **有名（ゆうめい）な作家（さっか）** — Writer, author / 作家 / nhà văn

☐ **才能（さいのう）がある** — Talent / 才能 / tài năng

☑ **小説（しょうせつ）に登場（とうじょう）する人物（じんぶつ）** — Appear / 出现，登台 / xuất hiện

漢字

観	カン	観光（かんこう）する	進	シン / すす・む / すす・める	進行（しんこう）する / 仕事（しごと）が進（すす）む I / 仕事（しごと）を進（すす）める II
客	キャク	客（きゃく） / 観客（かんきゃく）	共	キョウ	共通（きょうつう）
満	マン	満員（まんいん）	登	トウ / ト / のぼ・る	登場（とうじょう）する / 登山（とざん） / 山（やま）に登（のぼ）る I

観光する→14回目　進める→16回目　　登山：Mountain-climbing ／登山／ sự leo núi

ことば

☆ 美しい自然	Nature 大自然 thiên nhiên	
☆ 地球が回る	The Earth 地球 Trái Đất	
☐ 光のエネルギー	Energy 能源 năng lượng	
☆ 空の様子	Appearance, state 状况 trạng thái	
☆ 星が輝く^I ⇔ 光る	Glitter, glow 闪烁，闪光 lấp lánh	
☐ 水の温度	Temperature 温度 nhiệt độ	
☆ 気温が上がる	Air temperature 气温 nhiệt độ không khí	
☆ ガスが発生する	Be generated, arise, happen 产生 phát sinh	

☆ 空気が乾燥する ⇔ 乾く — Dry out 干燥 khô đi

☐ 大きな波 — Wave 波浪 sóng

☐ 水が流れる^{II} — Flow 流动 chảy

☆ 海に船が沈む^I — Sink, go down 沉没 chìm

☆ 日が沈む^I — Set, sink （太阳）落山 lặn

☐ 海にごみが浮く^I — Float 漂浮 nổi

☆ いろいろなごみが交ざる^I — Be mixed 混杂 lẫn vào nhau

☆ 木が枯れる^{II} — Wither, die 枯萎 khô héo

漢字

美 ビ／うつく・しい — 美人／美しい

波 なみ — 波

様 ヨウ／さま — 様子／～様：田中様

流 リュウ／なが・れる／なが・す — 交流する／水が流れる^{II}／水を流す^I

星 ほし — 星

浮 う・く／う・かぶ — 水に体が浮く^I／雲が浮かぶ^I

温 オン／あたた・かい／あたた・まる／あたた・める — 気温、温度／温かい／体が温まる^I／体を温める^{II}

美人：Beauty, beautiful woman ／美丽的人／ người đẹp
温かい：Warm, hot ／温暖，暖和／ ấm, nóng
温まる：Get warm ／温暖（自动词）／ ấm lên
温める：Warm (oneself, etc) ／温暖（他动词）／ làm ấm
交流する→8回目
浮かぶ：Float, drift ／漂浮／ trôi

ことば

☆ 健康に気をつける
けんこう き

Health
健康
sức khỏe

□ 病院の**患者**
びょういん かんじゃ

Patient, case
患者
bệnh nhân

□ **体**の**調子**が悪い
からだ ちょうし わる

Condition, form
状况
tình trạng

□ **体温**を測る
たいおん はか

(Body) temperature
体温
nhiệt độ cơ thể

★ **熱**で、ふらふらする
ねつ

Be giddy, be lightheaded
摇摇晃晃
choáng váng

★ **痛み**を**感**じる
いた かん

Pain
疼痛
cơn đau

□ **傷**が**治**る
きず なお

Wound, injury
伤，伤痕
vết thương

□ **手術**を受ける
しゅじゅつ う
➡ **手術**する
しゅじゅつ

Operation, surgery
手术
cuộc phẫu thuật

□ 健康が**回復**する
けんこう かいふく

Recuperate, be restored
康复
hồi phục

□ 元気で**長生き**する
げんき ながい

Live long
长寿，活得长
sống lâu

□ **命**を大切にする
いのち たいせつ

Life
生命
sinh mệnh

□ **汗**をかく
あせ

Sweat, perspiration
汗水
mồ hôi

□ **涙**を流す
なみだ なが

Tears
眼泪
nước mắt

□ 子どもが**育つ**Ⅰ
こ そだ

Grow, be brought up
成长
lớn lên

□ 子どもが**成長**する
こ せいちょう

Grow (up)
长大
trưởng thành

□ 経済が**成長**する
けいざい せいちょう

Grow, develop
增长
phát triển

□ 背が**伸びる**Ⅱ
せ の
⦿ **伸**ばす
の

Grow, extend
长高
cao lên, dài ra

★ **姿勢**がいい
しせい

Posture
姿态
tư thế

漢字

健	ケン	けんこう 健康		汗	あせ	あせ 汗
痛	ツウ いた・い いた・む	ずつう 頭痛 いた 痛い いた いた 痛む Ⅰ、痛み		育	イク そだ・つ そだ・てる	きょういく 教育 こ そだ 子どもが育つ Ⅰ こ そだ 子どもを育てる Ⅱ
命	メイ ミョウ いのち	せいめい 生命 じゅみょう 寿命 いのち 命		成	セイ	せいちょう 成長する

頭痛：Headache／头痛／cơn đau đầu　　痛む：Ache, feel pain／痛／đau　　生命：Life／生命／sinh mệnh
寿命：Life span, lifetime／寿命／tuổi thọ

人との関係（1）—知り合う—

Relationships 1: Getting acquainted
人际关系（1）相识
Quan hệ với người khác 1: Quen biết nhau

ことば

□ いい人と**出会う**Ⅰ
Meet, encounter
遇见
gặp

★ 森さんと**知り合う**Ⅰ
❷ 知り合い
Get to know
结识
quen biết

□ 趣味の**仲間**
Companion
伙伴
bạn hữu, cộng sự

□ **全員、集まる**
⇔ みんな
Everyone
全员
tất cả thành viên

□ 恋人を食事に**誘う**Ⅰ
Invite
邀请
rủ, mời

□ 好みに**合わせる**Ⅱ
Match with, fit to
投合
làm cho hợp

□ **直接**、人と会う
Directly, in person
直接
trực tiếp

□ **本人**と会う
Person (in question)
本人
người được đề cập

★ （お）**互い**を知る
❷ （お）**互い**に
Each other
彼此
lẫn nhau

□ 鏡で**姿**を見る
Appearance, form, aspect
身材，风姿
dáng người

□ **印象**がいい
Impression
印象
ấn tượng

□ **態度**が悪い
Attitude
态度
thái độ

□ **魅力**がある
Appeal, charm
魅力
sức quyến rũ

□ **秘密**にする
Secret
秘密
bí mật

□ **他人**に秘密を知られる
Other people, other person
别人
người khác

漢字

合	ゴウ	合格する
	あ・う	合うⅠ
		知り合うⅠ
	あ・わせる	合わせるⅡ

| 接 | セツ | 直接 |
| | | 接するⅠ |

| 仲 | なか | 仲間 |
| | | 仲がいい |

| 印 | イン | 印象 |
| | しるし | 印 |

直	チョク	直前
	ジキ	正直な
	なお・る	故障が直るⅠ
	なお・す	故障を直すⅠ

| 他 | タ | 他人 |
| | ほか | 他に |

合格する→11回目　　仲：Relations, relationship (of people) ／关系／ mối quan hệ　　直前：Just before ／即将／ ngay trước khi
正直な→26回目　　接する：Touch, be contiguous with ／接壤／ sát với　　印：Mark ／标记／ dấu hiệu

ことば

☐ 近所の人と**付き合う**Ⅰ
きんじょ ひと つ あ
Socialize with, associate with
交往，谈恋爱
kết giao

☐ 買い物に**付き合う**Ⅰ
か もの つ あ
Accompany (someone in ~)
陪同
cùng làm

☐ 留学生と**交流**する
りゅうがくせい こうりゅう
Interact
交流
giao lưu

☐ **友人**と**会う**
ゆうじん あ
≡ **友達**
ともだち
Friend, companion
朋友
bạn

☐ **親友**になる
しんゆう
Best friend, close friend
好友
bạn thân

☐ **親友**に**協力**する
しんゆう きょうりょく
Cooperate, help
合力，帮助
hợp tác

☐ **親友**を**助ける**Ⅱ
しんゆう たす
Help, assist
帮助
giúp đỡ

☐ **親**に**感謝**する
おや かんしゃ
Thank
感谢
biết ơn

☐ **話す相手**
はな あいて
The other person, partner
对象
đối tượng, đối phương

☐ **弱い立場**
よわ たちば
Standpoint, position
处境，地位
lập trường

☐ **人の性格**
ひと せいかく
Personality, character
性格
tính cách

☐ ★ **人の欠点**
ひと けってん
Drawback, shortcoming
缺点
khuyết điểm

☐ ★ **内緒**にする
ないしょ
≡ **秘密**
ひみつ
Secret
隐秘
bí mật

☐ **友達**に**自慢**する
ともだち じまん
Boast
自得
khoe

☐ **人気**がある
にんき
Popularity
人气
sự ưa chuộng, sự phổ biến

漢字

交	コウ / ま・ざる / ま・ぜる	**交流**する こうりゅう / 砂に石が**交ざる**Ⅰ すな いし ま / ご飯に豆を**交ぜる**Ⅱ はん まめ ま	相	ソウ / あい	**相談**する そうだん / **相手** あいて
協	キョウ	**協力**する きょうりょく	欠	ケツ / か・く / か・ける	**欠席**する けっせき / **欠かす**Ⅰ か / **欠ける**Ⅱ か
助	ジョ / たす・ける / たす・かる	**救助**する きゅうじょ / 人を**助ける**Ⅱ ひと たす / 人が**助かる**Ⅰ ひと たす	点	テン	**欠点** けってん / **点** てん

交ぜる：Mix, blend ／搅拌／trộn lẫn　　**救助する**：Rescue, save ／救援／giải cứu
助かる：Be rescued, be saved ／得救／được cứu　　**欠席する**：Be absent ／缺席／vắng mặt
欠かす：Fail to ／缺少（他动词）／bỏ lỡ　　**欠ける**：Lack, be deficient in ／欠缺（自动词）／thiếu sót

7・8

ことば

★ 心が苦しい
Painful mentally
苦闷
đau khổ

★ 息が苦しい
Painful physically
痛苦
khó khăn

□ 不安になる
➡ 不安な
Anxious
不安
bất an

□ 不安を感じる^{II}
Anxiety　　Feel, sense
不安，惶恐　　感到
nỗi lo lắng　　cảm thấy

★ 不満がある
Dissatisfaction, complaint
不满，抱怨
sự bất mãn

□ スピーチで緊張する
Grow nervous
紧张
căng thẳng

★ 緊張で、どきどきする
Throb, pulse, beat
忐忑不安，（心）怦怦直跳
hồi hộp

★ おかしなこと
➡ おかしい
Odd
奇怪
lạ lùng

□ 不思議なことが
起こる
Wondrous, strange
费解，不可思议
kỳ lạ, khó hiểu

□ 不思議に思う
Wondrous, strange
费解，不可思议
kỳ lạ, khó hiểu

★ 恐ろしい経験
≒ 怖い
Terrifying
可怕
đáng sợ

□ 必死に逃げる
Desperately
拼命
hết sức, trối chết

□ 将来のために
努力する
Endeavor, work hard (to, for)
努力
nỗ lực

□ 痛みを我慢する
Endure, be patient
忍耐
chịu đựng

□ 勉強で苦労する
Struggle, have trouble (with)
辛苦
khổ sở

□ せっかく来たのに、
店が閉まっていた。
(Be) at pains (to do something)
难得
cất công

□ 雨で、がっかりした。
Be disappointed
失望
thất vọng

漢字

苦	ク くる・しい にが・い	苦労する 苦しい 苦い	必	ヒツ かなら・ず	必死に 必ず
恐	キョウ おそ・ろしい	恐怖 恐ろしい	努	ド つと・める	努力する 努める^{II}
怖	フ こわ・い	恐怖 怖い	労	ロウ	苦労する

恐怖：Fear, fright ／恐怖／ nỗi sợ　　努める：Work hard to ／努力／ cố gắng

10 回目　気持(きも)ち（2）—ポジティブな感情(かんじょう)—

Feelings 2: Positive emotions
心情（2）正面情绪
Tình cảm 2: Những cảm xúc tích cực

ことば

□	**素敵(すてき)な**服(ふく)	Nice, pretty / 漂亮 / đẹp
□	**目立(めだ)つ** Ⅰ 服(ふく)	Stand out / 醒目 / nổi bật
★	**楽(らく)な**仕事(しごと) ⇔ 大変(たいへん)な	Easy / 轻松，容易 / dễ dàng
□	仕事(しごと)が**楽(らく)に**なる	Easy / 轻松，容易 / dễ dàng
□	仕事(しごと)に**満足(まんぞく)**する	Be satisfied / 满意 / mãn nguyện
★	日本(にほん)に**関心(かんしん)**を持(も)つ ＝ 興味(きょうみ)	Interest / 关注 / mối quan tâm
□	日本語(にほんご)に**自信(じしん)**を持(も)つ	Confidence / 自信 / sự tự tin
□	**真剣(しんけん)に**考(かんが)える ＝ 真面目(まじめ)に	Seriously / 认真 / nghiêm túc
□	試験(しけん)が**気(き)になる** Ⅰ 他 気(き)にする	Grow concerned / 担心 / lo lắng
□	**意外(いがい)に**簡単(かんたん)だ ➡ 意外(いがい)な／と	Unexpectedly, surprisingly / 意外 / bất ngờ
□	気持(きも)ちが**落(お)ち着(つ)く** Ⅰ	Calm down / 沉着，冷静 / dịu đi
□	**落(お)ち着(つ)いた**部屋(へや)	Restful / 朴素，庄重 / nền nã, thanh nhã
★	プレゼントを**期待(きたい)**する	Expect / 期待 / mong đợi
★	手紙(てがみ)を読(よ)んで**感動(かんどう)**する ➡ 感動的(かんどうてき)な	Be impressed, be moved / 感动 / cảm động
□	**笑顔(えがお)**になる	Smile / 笑脸 / nụ cười
★	**当然(とうぜん)**だと思(おも)う	Natural, obvious / 理所当然 / đương nhiên

漢字

漢字	読み	例
関	カン	関心(かんしん) 関係(かんけい)
感	カン	感動(かんどう)する 感(かん)じる Ⅱ
信	シン	自信(じしん) 信(しん)じる Ⅱ
笑	わら・う	笑(わら)う Ⅰ 笑顔(えがお)　※特別(とくべつ)な読(よ)み方(かた)です
落	お・ちる お・とす	落(お)ち着(つ)く Ⅰ かばんが落(お)ちる Ⅱ かばんを落(お)とす Ⅰ
然	ゼン ネン	当然(とうぜん) 天然(てんねん)

信じる→ 23 回目　天然：Nature, natural condition ／天然／ tự nhiên

ことば

☐	日本語を**学ぶ** I ⇔ **勉強**する	Learn, study 学习 học	
☐	漢字を**間違う** I ➡ **間違い**	Get wrong, make a mistake 弄错 nhầm	
★	**宿題**をやり**直す** I	Redo, start again 重新做 làm lại	
☐	**間違い**を**繰り返す** I	Repeat, do again 重复 lặp lại	
☐	**宿題**を**提出**する ⇔ **出す**	Submit, hand in 提交 nộp	
★	**辞書**で**調べる** II	Look up, study, research 查找 tra cứu	
☐	**言葉**の**意味**を **理解**する	Understand 理解 hiểu, lĩnh hội	
★	**外国語**を**身につける** II	Learn, acquire 掌握 học được (kiến thức)	
★	**服**を**身につける** II ⇔ **着る**、**履く**	Wear, put on 穿着 mặc vào người	
★	**目標**を**立てる**	Goal, target 目标 mục tiêu	
☐	**試験**に**合格**する	Pass, qualify 及格，考上 đậu (kỳ thi)	
☐	**成績**がいい	Grades, results 成绩 thành tích	
☐	**大学**に**進学**する	Go on to higher education 升学 học tiếp	
☐	**教師**になる ⇔ **先生**	Teacher, instructor 教师 giáo viên	
★	**生徒**を**指導**する	Give guidance, coach 辅导 hướng dẫn	
☐	**クラス**を**分ける** II ➡ **分かれる**	Divide, split 分开 chia	
☐	**学校**の**先輩**	Senior, someone of higher status 前辈 người đi trước	

漢字

返	ヘン かえ・す	返事する 繰り返す I	格	カク	合格する
調	チョウ しら・べる	調子 調べる II	師	シ	教師 医師
解	カイ と・く と・ける	理解する 問題を解く I 問題が解ける II	指	シ ゆび	指導する 指
身	シン み	身長 身につける II			

解く：Solve, work out ／解答（他动词）／ giải đáp
解ける：Be solved ／解出，做对（自动词）／ được giải đáp
身長：Body height ／身高／ chiều cao
医師：Doctor, physician ／医生／ bác sĩ

いろいろな問題

A range of problems
各种烦恼
Các loại vấn đề

ことば

□ 勉強に飽きる Ⅱ	Tire of, get bored with 厌倦 chán	
□ 子どもが いたずらをする	Mischief, prank 恶作剧 trò nghịch ngợm	
□ 慌てて走る	Be in a rush 匆忙 hối hả	
□ 窓が割れて慌てる Ⅱ	Be flustered 惊慌失措 phát hoảng	
□ 事故を防ぐ Ⅰ	Prevent 预防，防止 phòng chống	
□ 人に迷惑をかける	Annoyance, trouble 麻烦 sự phiền phức	
□ 人のせいにする	(Put) blame (on) 原因，埋怨 do, tại	
□ 約束を破る Ⅰ	Break (rule, promise) 不遵守 vi phạm, phá vỡ	
□ 紙を破る Ⅰ	Tear, rend 撕裂 xé	
□ わがままな性格	Selfish 任性 ích kỷ	

★ 道に迷う Ⅰ	Go astray 迷失 bị lạc	
★ 就職するか迷う Ⅰ	Be unable to decide, vacillate 犹豫不决 phân vân	
★ お金がなくて悩む Ⅰ	Worry, be troubled 烦恼 phiền muộn	
□ 進学を諦める Ⅱ	Give up, abandon 放弃 từ bỏ	
□ 原因を調査する	Investigate 调查 điều tra	
□ 調査の方法	Method 方法 phương pháp	
★ 方法を決める Ⅱ	Decide, determine 确定 quyết định	
□ 他のやり方を試す Ⅰ	Try, attempt 尝试 thử	
□ 調査の結果	Results 结果 kết quả	
★ 問題を解決する	Resolve, solve 解决 giải quyết	

漢字

迷	メイ まよ・う	迷惑 道に迷う Ⅰ	決	ケツ き・まる き・める	解決する 方法が決まる Ⅰ 方法を決める Ⅱ
破	やぶ・る やぶ・れる	紙を破る Ⅰ 紙が破れる Ⅱ	結	ケツ むす・ぶ	結婚する 結ぶ Ⅰ
悩	なや・む	悩む Ⅰ	果	カ	結果 果物 ※特別な読み方です

破れる：Get torn (up) ／破裂／bị rách

13 回目 お金(かね)

Money
金钱
Tiền bạc

ことば

□ 電気代(でんきだい)を**支払(しはら)う** I ⊜ **払(はら)う**	Pay 支付 chi trả	□ 旅行(りょこう)の**費用(ひよう)**	Cost, expense 费用 chi phí
□ 100万円**貯金(ちょきん)する**	Save money 存款 để dành tiền	□ **合計(ごうけい)** 1万円(まんえん)	Total sum 合计 tổng cộng
★ お金(かね)を**ためる** II	Accumulate, save 储存 để dành	★ **品物(しなもの)**を選(えら)ぶ	Goods, items 货物 hàng hóa
□ 交通**費(こうつうひ)を計算(けいさん)する**	~ expenses Calculate ～费 计算 phí ~ tính toán	□ **給料(きゅうりょう)が上(あ)がる**	Salary, wages 薪水 lương
□ 生活**費(せいかつひ)を節約(せつやく)する**	Save, economize 节省 tiết kiệm	★ **家賃(やちん)を払(はら)う**	Rent 房租 tiền thuê nhà
□ お酒(さけ)を**販売(はんばい)する**	Sell, market 销售 buôn bán	★ **税金(ぜいきん)を払(はら)う** ➡ ~**税(ぜい)**	Tax 税 tiền thuế
□ 物(もの)の**値段(ねだん)**	Price 价格 giá	□ **現金(げんきん)で支払(しはら)う**	Cash 现金 tiền mặt
□ パソコンの**価格(かかく)**	Price 价格 giá	□ 電気(でんき)やガスの**料金(りょうきん)**	Fee, charge 费用 tiền phải trả, tiền thù lao
□ お釣(つ)りの**金額(きんがく)**	Amount 金额 số tiền	□ 授業**料(じゅぎょうりょう)を払(はら)う**	~ fees ～费 phí ~

漢字

払	はら・う	払(はら)う I 支払(しはら)う I
販	ハン	販売(はんばい)する
貯	チョ	貯金(ちょきん)する
給	キュウ	給料(きゅうりょう)
費	ヒ	費用(ひよう) ～費(ひ):生活費(せいかつひ)
税	ゼイ	税金(ぜいきん) ～税(ぜい):消費税(しょうひぜい)

~税(ぜい):Tax, levy (used as suffix) ／～税／ thuế ~   消費税(しょうひぜい):Consumption tax ／消费税／ thuế tiêu dùng

旅行・交通
りょこう・こうつう

Travel and transportation
旅行、交通
Du lịch / Giao thông

ことば

□ 車で移動する
くるま いどう
Move, travel
移动
di chuyển

★ 車で通勤する
くるま つうきん
Commute
通勤
đi làm

□ 人を車に乗せるⅡ
ひと くるま の
Give a ride
搭载
chở

★ 道が混雑する
みち こんざつ
Be congested, crowded
拥堵、拥挤
đông đúc

★ 急いで行く
いそ い
Hurry, rush
急于
vội vã

□ 家の前に駐車する
いえ まえ ちゅうしゃ
➡ 駐車場
ちゅうしゃじょう
Park
停车
đậu xe

□ 車が道路を走る
くるま どうろ はし
Road, street
公路
đường

□ 道を横断する
みち おうだん
Cross, go over
横穿
băng qua

★ 横断を禁止する
おうだん きんし
Prohibit, ban
禁止
cấm

★ 駅に到着する
えき とうちゃく
⇄ 着く ⇄ 出発する
つ しゅっぱつ
Arrive
到达
đến nơi

★ 人を見送るⅠ
ひと みおく
See off
送行
tiễn

□ 券を買う
けん か
⇄ 切符 ➡ ～券
きっぷ けん
Ticket, coupon
卡券
vé

★ 速い電車
はや でんしゃ
⇄ 遅い
おそ
Fast, quick
快速
nhanh

□ 景色を眺めるⅡ
けしき なが
Look at, gaze at
远眺
ngắm

□ 町を観光する
まち かんこう
Go sightseeing
游览
tham quan

★ 予約を取り消すⅠ
よやく と け
Cancel
取消
hủy bỏ

漢字

勤	キン つと・める	通勤する つうきん 勤めるⅡ つと

乗	ジョウ の・る の・せる	乗車する じょうしゃ 乗るⅠ の 乗せるⅡ の

路	ロ	道路 どうろ

横	オウ よこ	横断する おうだん 横 よこ

禁	キン	禁止する きんし

到	トウ	到着する とうちゃく

速	ソク はや・い	速度 そくど 速い はや

乗車する：Get on, board ／乗车／ lên xe, tàu　　速度：Speed ／速度／ tốc độ

15回目 仕事（１）— 就職する—

Work 1: Getting a job
工作（1）求职
Công việc 1: Tìm việc

ことば

会社に就職する
➡ 就職活動
Get a job, start employment
入职
tìm việc, vào làm việc

社員を募集する
Recruit
招募
tuyển

★ 有名な会社に
応募する
Apply for
应聘
ứng tuyển

面接を受ける
➡ 面接する
Interview
面试
phỏng vấn

好きな職業に就く
⇔ 仕事
Occupation, profession
职业
nghề nghiệp

企業に勤める
⇔ 会社
Company, enterprise
企业
doanh nghiệp

仕事で成功する
➡ 失敗する
Succeed, be a success
获得成功
thành công

★ 目的を持つ
Objective, goal, aim
目的
mục đích

会議室の利用を
申し込むⅠ
➡ 申し込み
Make application for
申请
xin, thỉnh cầu

★ 申込書を出す
Application
申请表
đơn xin

名前を記入する
Fill in
填写
ghi vào

申し込みの締め切り
Deadline
截止时间
hạn chót

この国の産業
Industry
产业
các ngành sản xuất

★ 工業が発展する
Develop
发展
phát triển

★ 農業が盛んな国
Agriculture
农业
nông nghiệp

訓練を受ける
➡ 訓練する
Training, exercise
训练
sự huấn luyện

漢字

就	シュウ つ・く	就職する 仕事に就くⅠ	農	ノウ	農業
職	ショク	就職する 職業	訓	クン	訓読み
募	ボ	募集する 応募する	練	レン	訓練 練習する

訓読み：*Kanji* readings based on native Japanese ／训读／ cách đọc Hán tự theo tiếng Nhật bản ngữ

16 回目　仕事 (2) —工場—

Work 2: In the factory
工作 (2) 工厂
Công việc 2: Nhà máy

ことば

★ **製品**が**完成**する
Product　　Be finished
产品　　完成，完工
sản phẩm　　hoàn thành, hoàn chỉnh

機械を**使用**する
⇔ 使う
Use, utilize
使用
sử dụng

★ **製品**の**特長**
Feature, strength
特色，优点
ưu điểm nổi trội

機械を**修理**する
⇔ 直す
Repair
修理
sửa chữa

□ 日本**製**のパソコン
~ made
～产
chế tạo tại

□ **技術**が**進歩**する
Advance, make progress
进步
tiến bộ

□ 仕事を**担当**する
Be in charge of
负责
đảm trách

★ 安全を**確**かめる II
⇔ **確認**する
Check, confirm
核实
kiểm tra, xác nhận

□ 仕事を**任せる** II
Leave to, entrust to
委托
giao phó

□ 温度を**調節**する
Adjust, regulate
调节
điều chỉnh

★ **指示**を受ける
➡ **指示**する
Instructions
指令
chỉ thị

□ ごみを**処理**する
Process, deal with, dispose of
处理
xử lý

□ 三人で**作業**する
Work, do a job
进行作业
làm việc

★ **作業**のやり方
⇔ **方法**
Way of doing something
做法
cách làm

□ **作業**を**進める** II
➡ **進む**
Proceed with, go ahead.
推进
tiến hành

★ **移動の手段**
⇔ **方法**
Means, method
手段
phương thức, phương tiện

漢字

製	セイ	製品　～製：日本製	**示**	ジ　しめ・す	指示　示す I
完	カン	完成する　完全に	**処**	ショ	処理する
任	ニン　まか・せる	責任　任せる II	**段**	ダン	手段　階段

完全に→ 27 回目　　責任→ 17 回目　　示す：Show, indicate ／出示／ chỉ, biểu thị

15・16

85

17
回目

仕事（3）―オフィス―

Work 3: In the office
工作（3）办公室
Công việc 3: Văn phòng

ことば

□ 会社を経営する
Manage, run
经营
quản lý

□ 店を営業する
Operate, run
营业，经营
kinh doanh

□ オフィスで働く ⊜ 事務所
Office
事务所，办公室
văn phòng

□ 事務の仕事をする
Office work
事务性的
việc văn phòng

★ 海外へ出張する
Go on business trip
出差
đi công tác

□ 会社の同僚
Work colleagues
同事
đồng nghiệp

□ 会社に遅刻する ⊜ 遅れる
Be late
迟到
muộn giờ

★ 仕事を引き受ける Ⅱ
Undertake
接受
tiếp nhận

★ 仕事を済ませる Ⅱ ⾃ 済む
Get (work) finished
做完，办完
hoàn thành

□ 情報を集める
Information
信息
thông tin

□ 書類を整理する
Documents
文件
tài liệu

□ 能力がある
Ability, capability
能力
năng lực

□ 責任がある
Responsibility
责任
trách nhiệm

★ 休みを申請する
Apply for, ask for
申请
xin

□ 申請の手続きをする
Procedure
手续
thủ tục

□ 休暇を取る ⊜ 休み
Vacation, leave
休假
ngày nghỉ, kỳ nghỉ

漢字

経	ケイ	経済 経営する
営	エイ	経営する 営業する
務	ム つと・める	事務 ガイドを務める Ⅱ
遅	チ おく・れる おそ・い	遅刻する 遅れる Ⅱ 遅い

引	ひ・く	引く Ⅰ 引き受ける Ⅱ
受	ジュ う・ける	受験する 教育を受ける Ⅱ
能	ノウ	能力 才能

受験する：Take an examination ／参加考试／ đi thi

ことば

★ 水の量 — Amount／量／lượng

□ コップ1杯程度の水 — Degree ~, extent ~／〜左右，大致〜／khoảng ~, độ ~

★ 大量の水 — Large amount／大量／lượng lớn

□ 数を数える II — Count／数／đếm

★ 約半分の数 — About ~, around ~／大约，大概〜／khoảng ~

□ 数が倍になる ➡ 〜倍 — Twice／双倍／gấp đôi

★ 数が減る I ➡ 増える — Decline, decrease／减少／giảm đi

★ お金が余る I — Be left over／多余／dư ra

★ 人口が減少する — Decrease, reduce／减少／giảm

□ 人口が増加する — Increase, grow／增长／tăng

□ 最高に楽しい — Most, best, really well／程度最高／cao nhất, tột cùng

□ 最低な男 — Lowest, worst, really bad／差劲／thấp nhất, tồi tệ

□ 最高気温 — Highest／最高／cao nhất

□ 最低気温 — Lowest／最低／thấp nhất

□ 平均気温 — Average／平均／trung bình

□ 壁全体 — Whole, entire／整体／tổng thể

□ 壁の下の部分 — Part, portion／部分／bộ phận, phần

□ 全体の半分を占める II — Account for, occupy／占／chiếm

漢字

量	リョウ／はか・る	量／量る I	減	ゲン／へ・る／へ・らす	減少する／数が減る I／数を減らす I
数	スウ／かず／かぞ・える	数字／数／数える II	増	ゾウ／ふ・える／ふ・やす／ま・す	増加する／数が増える II／数を増やす I／増す I
約	ヤク	約〜／節約する	部	ブ	部分／部屋 ※特別な読み方です

17
18

数字：Number, numeral／数字／con số　　減らす：Reduce, cut back／减少／làm giảm đi
増やす：Increase, add to／增加／làm tăng lên　　増す：Increase, go up／增长／tăng lên

ことば

□ 椅子を置く**位置** いすおくいち	Position, place 位置 vị trí	
★ 椅子の**向き** いすむ	Direction, orientation 朝向 hướng	
★ **間隔**を空ける かんかくあ	Space, interval 间隔 khoảng cách	
□ **窓側**に椅子を置く まどがわいすお	~ side, side of 〜一侧 phía ~, bên ~	
★ 道に迷って みちまよ **うろうろ**する	Wander around, mill around 团团转，徘徊 đi lòng vòng	
★ 町を**ぶらぶら**（と） まち する	Wander 溜溜达达 lang thang	
★ 手を**ぶらぶら**（と） て させる	Dangle, swing 下垂摇晃 đu đưa	
★ 店が**がらがら**だ みせ	Nearly empty 空旷冷清 trống rỗng	
★ 声が**がらがら**だ こえ	Gravelly 沙哑 khàn khàn	

□ **辺り**が暗くなる あたくら	Neighborhood 附近 xung quanh
□ 日本の**首都** にほんしゅと	Capital city 首都 thủ đô
□ この**地方**の習慣 ちほうしゅうかん	Region, district 地区 vùng, địa phương
□ **地方**の出身 ちほうしゅっしん	The regions 地方 vùng quê
□ **都会**で暮らす とかいく	Big city 都市 đô thị
★ **列**に並ぶ れつなら	Row, line 队列 hàng
□ 2**列目**の席 れつめせき	Row, column (used as suffix) 第〜排 hàng thứ ~
□ **地下**の駐車場 ちかちゅうしゃじょう	Underground 地下 dưới mặt đất

漢字

位	イ くらい	〜位：1 位 い い くらい 位	首	シュ くび	首都 しゅと くび 首
置	チ お・く	位置 いち お 置く^I	都	ト	首都 しゅと とかい 都会
向	コウ む・く む・ける む・かう	方向 ほうこう まえ む 前を向く^I、向き む くび みぎ む 首を右に向ける^{II} えき む 駅に向かう^I	列	レツ	列 れつ れつ れつ 〜列：2 列

〜位：Ranking, place (used as suffix) ／第〜名／ hạng~　　位：Rank, position ／地位／ địa vị, cấp bậc
方向：Direction, orientation ／方向／ phương hướng　　向く：Face, front on ／朝向／ hướng về
向ける：Turn to face ／转向／ hướng (vật) về

20 回目

<ruby>時<rt>じ</rt></ruby><ruby>間<rt>かん</rt></ruby>

Time
时间
Thời gian

ことば

☐ <ruby>今<rt>いま</rt></ruby>の<ruby>時刻<rt>じこく</rt></ruby>
　➡ <ruby>時刻<rt>じこく</rt></ruby><ruby>表<rt>ひょう</rt></ruby>

Time
时刻
giờ

☐ <ruby>時間<rt>じかん</rt></ruby>が**たつ**ᴵ
　⇔ <ruby>過<rt>す</rt></ruby>ぎる

Pass, go by
流逝，过
trôi đi

★ <ruby>夜<rt>よる</rt></ruby>が<ruby>明<rt>あ</rt></ruby>**ける**ᴵᴵ

Break (dawn)
（天）明
sáng lên

☐ <ruby>長<rt>なが</rt></ruby>い<ruby>期間<rt>きかん</rt></ruby>

Duration, period
期间
khoảng thời gian

☐ <ruby>長期<rt>ちょうき</rt></ruby>の<ruby>休暇<rt>きゅうか</rt></ruby>

Long term
长时间
dài hạn

☐ <ruby>短期<rt>たんき</rt></ruby>のアルバイト
　⇔ <ruby>長期<rt>ちょうき</rt></ruby>

Short term
短时间
ngắn hạn

★ <ruby>仕事<rt>しごと</rt></ruby>を**おしまい**にする

Finish
结束
sự kết thúc

☐ <ruby>平日<rt>へいじつ</rt></ruby>に<ruby>働<rt>はたら</rt></ruby>く

Weekday
平时
ngày thường

☐ <ruby>休日<rt>きゅうじつ</rt></ruby>に
　テニスをする

Holiday, day off
假日
ngày nghỉ

☐ <ruby>試験<rt>しけん</rt></ruby>の<ruby>当日<rt>とうじつ</rt></ruby>

The day in question, that day
当天
ngày đã đề cập

☐ <ruby>当時<rt>とうじ</rt></ruby>の<ruby>技術<rt>ぎじゅつ</rt></ruby>

At that time, then
当时
đương thời

★ <ruby>最新<rt>さいしん</rt></ruby>の<ruby>技術<rt>ぎじゅつ</rt></ruby>

Latest, newest
最新
tối tân

☐ <ruby>過去<rt>かこ</rt></ruby>の<ruby>経験<rt>けいけん</rt></ruby>

Past, bygone
过去
quá khứ

☐ <ruby>現在<rt>げんざい</rt></ruby>の<ruby>自分<rt>じぶん</rt></ruby>

Present, current
现在
hiện tại

★ <ruby>未来<rt>みらい</rt></ruby>の<ruby>世界<rt>せかい</rt></ruby>

Future
未来
tương lai

☐ <ruby>今後<rt>こんご</rt></ruby>の<ruby>計画<rt>けいかく</rt></ruby>
　⇔ これから

In the future, henceforth
今后
về sau

漢字

刻	コク　きざ・む	<ruby>時刻<rt>じこく</rt></ruby>　<ruby>刻<rt>きざ</rt></ruby>むᴵ	
期	キ	<ruby>期間<rt>きかん</rt></ruby>　<ruby>長期<rt>ちょうき</rt></ruby>	
短	タン　みじか・い	<ruby>短期<rt>たんき</rt></ruby>　<ruby>短<rt>みじか</rt></ruby>い	
最	サイ　もっと・も	<ruby>最新<rt>さいしん</rt></ruby>　<ruby>最<rt>もっと</rt></ruby>も	
現	ゲン　あらわ・れる	<ruby>現在<rt>げんざい</rt></ruby>　<ruby>現<rt>あらわ</rt></ruby>れるᴵᴵ	
未	ミ	<ruby>未来<rt>みらい</rt></ruby>	

<ruby>刻<rt>きざ</rt></ruby>む：Chop into small pieces ／剁碎／ cắt nhỏ, băm　　　<ruby>現<rt>あらわ</rt></ruby>れる：Appear ／出现／ xuất hiện

21
回目

動詞（1）—いくつかの意味があることば—

Verbs I: Words that have several meanings
动词（1）多义词
Động từ 1: Những từ đa nghĩa

ことば

つく^I	□ 車に傷が**付く**	Get (a blemish) 附着，留下 có (vết)
	□ 電気が**つく**	Come on (power) 开启 sáng, mở
	□ 都合が**付く**	Be suitable, be alright 方便，合适 được xác lập
出る^{II}	□ 家から外に**出る**	Go out of 出门，外出 đi ra
	□ 授業に**出る** ≒ 出席する	Attend 参加，出（席） tham dự
	□ 大学を**出る** ≒ 卒業する	Graduate from 毕业 tốt nghiệp
配る^I	□ パンを**配る**	Hand out, distribute 分配 phát
	□ 気を**配る**	Give (attention) 关心 chú ý, để mắt
取る^I	□ 本棚から本を**取る**	Take, remove 拿，取 lấy
	□ 汚れを**取る**	Remove, get rid of 去除 tẩy bỏ
	□ 連絡を**取る**	Get in touch 取得 bắt (liên lạc)
	□ コピーを**取る**	Make (a copy) 复印 lưu lại
立てる^{II}	□ 目標を**立てる**	Set up, set 树立 đề ra
	□ 本を**立てる**	Place upright, put 竖起 dựng lên
かける^{II}	□ 毛布を**かける**	Put on 盖上 đắp
	□ アイロンを**かける**	Iron, do the ironing 熨，烫 làm (dụng cụ) hoạt động
	□ 音楽を**かける**	Put on 播放 mở

	□ 声^{こえ}をかける	Call out to 打（招呼） gọi
	□ 鍵^{かぎ}をかける	Lock 上（锁） khóa
	□ 迷惑^{めいわく}をかける	Cause (inconvenience) 给〜（添麻烦） gây ra
振^ふる^I	□ 手^てを振^ふる	Wave, shake 挥动 vẫy, lắc
	□ 彼^{かれ}を振^ふる	Jilt, reject 甩（恋人） bỏ, từ chối
当^あたる^I	□ ボールが窓^{まど}に当^あたる	Hit, strike 撞击 trúng
	□ 天気予報^{てんきよほう}が当^あたる	Be right, apply 预测准 đúng

漢字

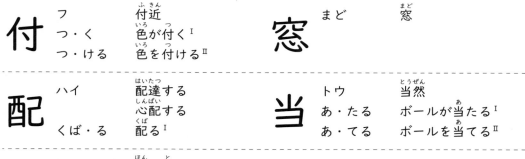

付	フ つ・く つ・ける	付近^{ふきん} 色^{いろ}が付^つく^I 色^{いろ}を付^つける^{II}	窓	まど	窓^{まど}
配	ハイ くば・る	配達^{はいたつ}する 心配^{しんぱい}する 配^{くば}る^I	当	トウ あ・たる あ・てる	当然^{とうぜん} ボールが当^あたる^I ボールを当^あてる^{II}
取	と・る	本^{ほん}を取^とる^I ボタンが取^とれる^{II}			

付近：Neighborhood ／附近／ lân cận　　　配達する：Deliver ／投递／ giao, phát　　　当てる：Hit ／撞击／ ném (vật) trúng

21

22
回目

<ruby>動詞<rt>どうし</rt></ruby> （2）

Verbs 2
动词（2）
Động từ 2

ことば

- [ ] <ruby>手<rt>て</rt></ruby>を<ruby>握<rt>にぎ</rt></ruby>るⅠ
  Take hold of
  握紧
  nắm chặt

- [ ] <ruby>手<rt>て</rt></ruby>を<ruby>放<rt>はな</rt></ruby>すⅠ
  Release, let go
  放开
  buông ra

- [ ] <ruby>手<rt>て</rt></ruby>をこするⅠ
  Rub
  揉搓
  chà

- [ ] <ruby>手<rt>て</rt></ruby>で<ruby>顔<rt>かお</rt></ruby>を<ruby>隠<rt>かく</rt></ruby>すⅠ
  Hide, conceal
  蒙, 藏
  che, giấu

- [ ] <ruby>手<rt>て</rt></ruby>をたたくⅠ
  Strike, beat
  拍打
  vỗ

- ★ <ruby>答<rt>こた</rt></ruby>えを○で<ruby>囲<rt>かこ</rt></ruby>むⅠ
  Surround, encircle
  圈起来
  khoanh lại

- ★ <ruby>手紙<rt>てがみ</rt></ruby>を<ruby>受<rt>う</rt></ruby>け<ruby>取<rt>と</rt></ruby>るⅠ
  Receive, get
  收到
  nhận

- [ ] <ruby>窓<rt>まど</rt></ruby>から<ruby>離<rt>はな</rt></ruby>れるⅡ
  Leave, move away from
  离开
  rời, tránh

- [ ] <ruby>穴<rt>あな</rt></ruby>を<ruby>掘<rt>ほ</rt></ruby>るⅠ
  Dig
  挖掘
  đào

- ★ <ruby>穴<rt>あな</rt></ruby>を<ruby>埋<rt>う</rt></ruby>めるⅡ
  ⇔ <ruby>掘<rt>ほ</rt></ruby>る
  Bury, fill in
  填
  lấp

- ★ <ruby>膝<rt>ひざ</rt></ruby>を<ruby>曲<rt>ま</rt></ruby>げるⅡ
  ⾃ <ruby>曲<rt>ま</rt></ruby>がる
  Bend
  弯曲
  gập lại

- [ ] <ruby>足<rt>あし</rt></ruby>を<ruby>組<rt>く</rt></ruby>むⅠ
  Cross (legs)
  盘（腿）, 翘（腿）
  bắt chéo

- ★ <ruby>道<rt>みち</rt></ruby>で<ruby>転<rt>ころ</rt></ruby>ぶⅠ
  Fall (over)
  摔倒
  ngã

- [ ] <ruby>身<rt>み</rt></ruby>を<ruby>守<rt>まも</rt></ruby>るⅠ
  Protect
  保护
  bảo vệ

- [ ] <ruby>約束<rt>やくそく</rt></ruby>を<ruby>守<rt>まも</rt></ruby>るⅠ
  ⇔ <ruby>破<rt>やぶ</rt></ruby>る
  Keep
  遵守
  giữ

漢字

顔	かお	<ruby>顔<rt>かお</rt></ruby> <ruby>笑顔<rt>えがお</rt></ruby> ※<ruby>特別<rt>とくべつ</rt></ruby>な<ruby>読<rt>よ</rt></ruby>み<ruby>方<rt>かた</rt></ruby>です	転	テン ころ・ぶ	<ruby>自転車<rt>じてんしゃ</rt></ruby> <ruby>転<rt>ころ</rt></ruby>ぶⅠ
曲	キョク ま・がる ま・げる	<ruby>曲<rt>きょく</rt></ruby> <ruby>道<rt>みち</rt></ruby>を<ruby>曲<rt>ま</rt></ruby>がるⅠ <ruby>膝<rt>ひざ</rt></ruby>を<ruby>曲<rt>ま</rt></ruby>げるⅡ	守	ス まも・る	<ruby>留守<rt>るす</rt></ruby> <ruby>守<rt>まも</rt></ruby>るⅠ
組	ソ く・む くみ	<ruby>組織<rt>そしき</rt></ruby> <ruby>組<rt>く</rt></ruby>むⅠ 〜<ruby>組<rt>くみ</rt></ruby>：<ruby>二組<rt>ふたくみ</rt></ruby>に<ruby>分<rt>わ</rt></ruby>かれる	束	ソク たば	<ruby>約束<rt>やくそく</rt></ruby> <ruby>紙<rt>かみ</rt></ruby>の<ruby>束<rt>たば</rt></ruby>

曲：Music, melody ／歌曲, 曲调／ bản nhạc, bài hát　　　組織：Organization ／机构／ tổ chức
〜組：Group, team (used as suffix) ／小组／ tổ ~, đội ~　　　束：Bundle, bunch ／捆／ bó, bọc

23
回目

考える

Thinking
思考
Suy nghĩ

ことば

☐ 考えをまとめる
⇔ 意見
Thought
想法
suy nghĩ

☐ 間違いを認める^Ⅱ
Acknowledge, admit
承认
thừa nhận

★ 意見を主張する
Assert
主张
khẳng định

☐ 訳を説明する
⇔ 理由
Reason, ground
原因，理由
lý do

★ アイディアを出す
Idea
创意，主意
ý tưởng

☐ 彼を疑う^Ⅰ
Doubt, suspect
怀疑
nghi ngờ

☐ 案を出す
⇔ アイディア
Proposal, plan
方案
kế hoạch, bản thảo, thiết kế v.v.

☐ 彼を信じる^Ⅱ
⇄ 疑う
Believe
信任
tin tưởng

☐ 悩みを話す
➡ 悩む
Concerns, worries
烦恼
điều phiền muộn

★ 彼を許す^Ⅰ
Forgive
原谅
tha thứ

☐ 話の内容
Content, detail
内容
nội dung

☐ 留学を決心する
Decide, make up your mind
下决心
quyết định

★ 話に集中する
Concentrate
集中，聚精会神
tập trung

☐ 意志を持つ
Will, resolve
意志
ý chí

☐ うっかりして、
忘れる
Act inadvertently
疏忽大意
lơ đãng

☐ 未来を想像する
Imagine
想象
tưởng tượng

☐ うっかり（と）
間違える
Carelessly, without thinking
疏忽大意
bất cẩn

漢字

案	アン	案 あん 案外 あんがい	訳	ヤク わけ	訳す^Ⅰ やく 訳 わけ
内	ナイ うち	案内する あんない 内側 うちがわ	疑	ギ うたが・う	疑問 ぎもん 疑う^Ⅰ うたが
容	ヨウ	内容 ないよう	許	キョ ゆる・す	許可する きょか 許す^Ⅰ ゆる

案外：Unexpectedly ／意外／ không ngờ　　内側：Inside, interior ／内侧／ bên trong　　訳す：Translate ／翻译／ dịch
疑問：Question ／疑问／ sự nghi vấn, câu nghi vấn　　許可する：Authorize, permit ／准许／ cho phép

24
回目

話<ruby>はな</ruby>す

Speaking
说话
Nói chuyện

ことば

□ 二人<ruby>ふたり</ruby>で 話<ruby>はな</ruby>し合<ruby>あ</ruby>う ^I	Discuss 协商，商量 nói với nhau	
★ 結果<ruby>けっか</ruby>を 報告<ruby>ほうこく</ruby>する	Report 汇报 thông báo	
★ 結果<ruby>けっか</ruby>を 発表<ruby>はっぴょう</ruby>する	Announce, release 公布，口头发言 công bố	
★ 先輩<ruby>せんぱい</ruby>に インタビューする	Interview 采访 phỏng vấn	
★ うわさをする	Rumor 谣传 lời đồn	
★ ユーモアがある	Humor, sense of humor 幽默 sự hài hước	
★ 冗談<ruby>じょうだん</ruby>を 言<ruby>い</ruby>う	Joke 笑话 lời nói đùa	
□ 気持<ruby>きも</ruby>ちを 言葉<ruby>ことば</ruby>で 表<ruby>あらわ</ruby>す ^I	Express, show 表达 bày tỏ	
★ デートの 誘<ruby>さそ</ruby>いを 断<ruby>ことわ</ruby>る ^I	Refuse, decline 拒绝 từ chối	

★ 親友<ruby>しんゆう</ruby>を 慰<ruby>なぐさ</ruby>める ^{II}	Give comfort to 安慰 an ủi	
□ 遠<ruby>とお</ruby>くから 呼<ruby>よ</ruby>びかける ^{II}	Call to, address 呼喊，打招呼 gọi	
□ 協力<ruby>きょうりょく</ruby>を 呼<ruby>よ</ruby>びかける ^{II}	Appeal for 呼吁 kêu gọi	
□ 誰<ruby>だれ</ruby>かが 叫<ruby>さけ</ruby>ぶ ^I 声<ruby>こえ</ruby>	Shout, yell 叫喊 thét lên	
★ ぺらぺら（と）話<ruby>はな</ruby>す	Gabble, chatter 口若悬河 liến thoắng	
★ 英語<ruby>えいご</ruby>がぺらぺらだ ➡（外国語<ruby>がいこくご</ruby>が）上手<ruby>じょうず</ruby>だ	Fluent 流利 trôi chảy	
★ 小声<ruby>こごえ</ruby>で 話<ruby>はな</ruby>す	Whisper 小声 tiếng nói nhỏ	
□ 大声<ruby>おおごえ</ruby>で 呼<ruby>よ</ruby>ぶ ➡ 小声<ruby>こごえ</ruby>	Loud voice 大声 tiếng nói lớn	
□ 怖<ruby>こわ</ruby>い 声<ruby>こえ</ruby>で 怒鳴<ruby>どな</ruby>る ^I	Shout, yell 呵斥 la hét	

漢字

告	コク	報告<ruby>ほうこく</ruby>する	叫	さけ・ぶ	叫<ruby>さけ</ruby>ぶ ^I
表	ヒョウ あらわ・す おもて	表現<ruby>ひょうげん</ruby>する 発表<ruby>はっぴょう</ruby>する 表<ruby>あらわ</ruby>す ^I 表<ruby>おもて</ruby>	声	こえ	声<ruby>こえ</ruby> 大声<ruby>おおごえ</ruby>
			呼	よ・ぶ	呼<ruby>よ</ruby>ぶ ^I 呼<ruby>よ</ruby>びかける ^{II}
断	ダン ことわ・る	横断<ruby>おうだん</ruby>する 断<ruby>ことわ</ruby>る ^I	怒	ド おこ・る	怒鳴<ruby>どな</ruby>る ^I 怒<ruby>おこ</ruby>る ^I

表現する：Express ／表达／ biểu hiện

ことば

□ おとなしい<ruby>人<rt>ひと</rt></ruby>
Quiet
稳重，老实
trầm tĩnh

□ <ruby>賢<rt>かしこ</rt></ruby>い<ruby>人<rt>ひと</rt></ruby>
Smart, shrewd
聪明
khôn ngoan

★ <ruby>親<rt>した</rt></ruby>しい<ruby>人<rt>ひと</rt></ruby>
Friendly, intimate
关系亲密
thân thiết

□ <ruby>貧<rt>まず</rt></ruby>しい<ruby>生活<rt>せいかつ</rt></ruby>
Poor
贫穷
nghèo khổ

★ きつい<ruby>靴<rt>くつ</rt></ruby>
Tight
尺码小，逼仄
chật

★ きつい<ruby>仕事<rt>しごと</rt></ruby>
Tough, hard
辛苦的
vất vả

□ <ruby>緩<rt>ゆる</rt></ruby>い<ruby>服<rt>ふく</rt></ruby>
Loose, slack
尺码大，宽松
rộng

□ <ruby>緩<rt>ゆる</rt></ruby>い<ruby>坂道<rt>さかみち</rt></ruby>
Gentle
舒缓
thoai thoải

□ <ruby>鋭<rt>するど</rt></ruby>い<ruby>音<rt>おと</rt></ruby>
Sharp
尖锐
chói tai

□ <ruby>鋭<rt>するど</rt></ruby>いナイフ
Sharp
锋利
sắc

□ <ruby>詳<rt>くわ</rt></ruby>しい<ruby>説明<rt>せつめい</rt></ruby>
Detailed, minute
详细
chi tiết

□ <ruby>濃<rt>こ</rt></ruby>い<ruby>色<rt>いろ</rt></ruby>
⇔ <ruby>薄<rt>うす</rt></ruby>い
Deep, dark, intense
（颜色）深
đậm

□ <ruby>濃<rt>こ</rt></ruby>いひげ
⇔ <ruby>薄<rt>うす</rt></ruby>い
Matted, thick
浓密
rậm

□ <ruby>激<rt>はげ</rt></ruby>しい<ruby>雨<rt>あめ</rt></ruby>
Heavy, intense
激烈，猛烈
dữ dội

★ まぶしい<ruby>光<rt>ひかり</rt></ruby>
Dazzling
炫目的，耀眼的
chói

□ <ruby>彼<rt>かれ</rt></ruby>が<ruby>羨<rt>うらや</rt></ruby>ましい
Envious, jealous
令人羡慕
đáng ghen tị

□ <ruby>試合<rt>しあい</rt></ruby>に<ruby>負<rt>ま</rt></ruby>けて<ruby>悔<rt>くや</rt></ruby>しい
Mortified
不甘心，悔恨
nuối tiếc

漢字

賢	かしこ・い　<ruby>賢<rt>かしこ</rt></ruby>い	鋭	するど・い　<ruby>鋭<rt>するど</rt></ruby>い
貧	まず・しい　<ruby>貧<rt>まず</rt></ruby>しい	濃	ノウ　<ruby>濃度<rt>のうど</rt></ruby> こ・い　<ruby>濃<rt>こ</rt></ruby>い
活	カツ　<ruby>生活<rt>せいかつ</rt></ruby> <ruby>活動<rt>かつどう</rt></ruby>する	負	フ　<ruby>負担<rt>ふたん</rt></ruby> ま・ける　<ruby>負<rt>ま</rt></ruby>ける^{II}

濃度：Concentration, density ／浓度／ nồng độ　　負担：Burden ／负担／ gánh nặng

26
回目

な形容詞など
な – adjectives, etc.
な形容词等
Tính từ な, v.v.

ことば

★ あらゆる方法
All, every
所有的
tất cả

★ 確実な方法
Sure, certain
准确
chắc chắn

□ 確かな情報
Reliable, certain
准确，可靠
xác thực

□ 確か、彼は休みだ。
If I remember correctly
应该，大概
chắc là

★ 面倒な仕事
⟷ 楽な
Troublesome, demanding
繁琐，费事
phiền toái

□ 主な仕事
Main, principal
主要
chính

★ 急な用事
Urgent, pressing
突然，紧急
gấp

★ 急な坂
⟷ 緩い
Steep
陡峭，险峻
dốc

★ 重大な問題
Serious, major
重大
nghiêm trọng

★ 単純な問題
Simple
单纯
đơn giản

★ 複雑な問題
Complicated
复杂
phức tạp

□ シンプルな服
Simple
简单，朴素
giản dị

★ 地味な服
⟷ 派手な
Sober, plain
不显眼，踏实
trang nhã

★ 正直な人
⟷ 正直に
Honest, sincere
正直
chân thật

★ 素直な人
Obedient, meek
顺从，听话
hiền lành

□ 新鮮な野菜
Fresh
新鲜
tươi

□ 豊かな生活
⟷ 貧しい ⟷ 豊かに
Rich, wealthy, fulfilling
富足
sung túc

漢字

実	ジツ / み	確実な / 実	複	フク	複雑な / 複数
単	タン	簡単な / 単語	雑	ザツ	複雑な / 混雑する
純	ジュン	単純な	豊	ホウ / ゆた・か	豊富な / 豊かな

実：Fruit, nut, seed ／种子，果实／ hạt, quả　　単語：Word ／单词／ từ vựng
複数：Plural ／多数／ số nhiều　　豊富な：Rich (in), abundant ／丰富／ phong phú

96

ことば

★ なるべく静かにする
⇔ できるだけ
As ~ as possible
尽量
nếu có thể, hết mức

★ そっとドアを開ける
⇔ 静かに
Quietly, stealthily
轻轻
nhẹ nhàng, khẽ khàng

全く気がつかない
⇔ ぜんぜん
Entirely, wholly, (not) at all
完全（不〜）
hoàn toàn

★ 中身をそっくり
入れ替える ⇔ 全部
Entirely, in an intact way
原封不动，全部
toàn bộ

★ 子どもなのに、
ずいぶん大きい
Quite, rather, very
相当
khá, rất

料理を全て食べる
⇔ 全部
All, everything
全部
tất cả

パンがたった一つ
だけ残る
Only, no more than
仅仅，只
vỏn vẹn

絶対（に）酒を
飲まない
Absolutely
绝对
nhất định

仕事が順調に進む
Well, favorable
顺利
thuận lợi

仕事が完全に終わる
Completely
完全
hoàn toàn

さすが山本さんだ
As expected
不愧（为）
không hổ danh

さっぱりわからない
⇔ 全く、ぜんぜん
(Not) at all, in the least
完全（不〜）
hoàn toàn không

顔を洗って
さっぱりする
Feel refreshed
清爽，干净利落
sảng khoái

★ 横になって、
そのまま寝る
Without further ado, as you are
直接
cứ thế ~ luôn

★ 見たことを
そのまま話す
As it is
一模一样，照原样
đúng như, y nguyên

ぼんやり（と）
外を眺める
Idly, blankly
心不在焉
mơ màng

一日中うちにいた。
つまり、外に出ていない。
In other words
也就是说
tức là

簡単に言うとつまり、
こういうことだ。
All in all, in sum
总而言之，简言之
tóm lại là

★ 自動的にドアが開く
Automatically
自动
tự động

★ 積極的に参加する
➡ 積極的な
Positively, actively
积极
tích cực

漢字

全	ゼン まった・く すべ・て	完全に 全く 全て
絶	ゼツ た・つ	絶対に 連絡を絶つ^I
順	ジュン	順調に 順番
寝	シン ね・る	寝室 寝る^{II}
的	テキ	〜的：自動的に 目的

全：ゼン／まった・く／完全に／全く／すべ・て／全て

絶：ゼツ／た・つ／絶対に／連絡を絶つ^I

順：ジュン／順調に／順番

寝：シン／ね・る／寝室／寝る^{II}

的：テキ／〜的：自動的に／目的

26
・
27

絶つ：Break off, cut off／断絶／cắt đứt　　順番：Order, turn／顺序／thứ tự
寝室：Bedroom／寝室／phòng ngủ

ことば

★ 喉がからからに渇く
のど　　　　　　　かわ
Very (thirsty)
口干舌燥
khô khốc

□ からから（と）
音がする
おと
Clattering sound
咔嗒咔嗒
lạch cạch

★ ドアをとんとん（と）
たたく
Sound of rapping on a door
咚咚
cốc cốc

□ ばらばら（と）
石が落ちて来る
いし　　お　　　く
In a scattering way
哗啦哗啦
rào rào

□ 意見がばらばらに
いけん
分かれる
わ
Divided, various
各不相同
lung tung, tứ tán

□ たまたま友達に会う
ともだち　あ
⇔ 偶然
ぐうぜん
By chance
偶然
tình cờ

□ 家がぐらぐら（と）
いえ
揺れる
ゆ
Sense of shaking
摇摇晃晃
lắc lư

□ お湯がぐらぐら（と）
ゆ
沸く
わ
(Boil) furiously
哗哗响
sùng sục

□ 突然、雨が降りだす
とつぜん　あめ　ふ
⇔ 急に
きゅう
Suddenly
突然
bất chợt

□ 雨がますます
あめ
強くなる
つよ
More and more
越来越
càng lúc càng

□ 雨はまだまだ
あめ
止まない
や
Still, (not) yet [emphatic]
还，仍
vẫn chưa

□ いよいよお祭りが
まつ
始まる
はじ
Finally
即将，马上
sắp sửa

□ まあまあ面白い
おもしろ
So-so, mildly
还算，尚可
tàm tạm

□ 以前、行ったこと
いぜん　い
がある店
みせ
Before, formerly
以前
lúc trước

□ 今回は、別の店に
こんかい　　べつ　みせ
行く
い
This time, now
这次
lần này

□ ようやく店に着く
みせ　つ
⇔ やっと
Finally, in the end
终于
cuối cùng

□ 12時をとっくに
じ
過ぎる
す
A long time ago
早已
lâu rồi

★ 早速、料理を
さっそく　りょうり
注文する
ちゅうもん
Immediately
立刻，马上
nhanh chóng

□ 次々（と／に）
つぎつぎ
料理が出てくる
りょうり　　で
One after another
不断，一个接一个
lần lượt

漢字

石	セキ / いし	石油 せきゆ / 石 いし	以	イ	以前 いぜん / 以内 いない
沸	フツ / わ・く / わ・かす	沸騰する ふっとう / お湯が沸く I おゆ わ / お湯を沸かす I おゆ わ	回	カイ / まわ・る / まわ・す	今回 こんかい / 椅子が回る I いす まわ / 腕を回す I うで まわ
突	トツ / つ・く	突然 とつぜん / 突く I つ	次	ジ / つぎ	次回 じかい / 次、次々 つぎ つぎつぎ

石油：Petroleum, oil ／石油／ dầu mỏ　　回す：Turn, rotate ／转动／ xoay　　突く：Poke, stab ／戳，捅／ đâm
次回：Next time ／下一次／ lần tới　　次ぐ：Come immediately after ／接着，次于／ tiếp theo sau

29
回目

カタカナの言葉 （1）

Words written in katakana I
外来语 （1）
Từ viết bằng katakana 1

ことば

新生活が **スタート**する	Start, begin / 开始 / khởi đầu	
新しい店が **オープン**する	Open, start / 开张 / khai trương	
何でも**オープン**に話す	Openly, freely / 敞开，公开 / cởi mở	
サービスがいい ➕ サービスする	Service, services / 服务 / dịch vụ	
メッセージを伝える	Message / 信息 / tin nhắn	
外国語で**コミュニケーション**を取る	Communication / 沟通，交流 / giao tiếp	
日本語で**スピーチ**する	Give a speech / 演讲 / phát biểu	
スピーチの**テーマ**	Theme, subject / 主题 / chủ đề	
オーバーな話し方	Exaggerated / 夸张 / khoa trương	

時間を**オーバー**する	Go over, exceed / 超过 / vượt quá	
チャンスがある ≒ 機会	Chance, opportunity / 机会 / cơ hội	
旅行の**プラン** ≒ 計画	Plans / 计划，方案 / kế hoạch	
予約を**キャンセル**する ≒ 取り消す	Cancel / 取消 / hủy bỏ	
二つの**グループ**に分かれる	Group / 小组 / nhóm	
旅行の**コース**	Itinerary, course / 路线 / tiến trình, lộ trình	
コース（の）料理を頼む	Set (meal) / 套餐 / món ăn (đưa lần lượt)	
コーヒーとケーキの**セット**	Set / 套餐，一整套 / phần ăn, bộ	
甘い**クリーム**	Cream / 奶油 / kem	

漢字

伝	デン / つた・わる / つた・える	伝統 / 話が伝わる I / 話を伝える II	
消	ショウ / き・える / け・す	消防車 / 火が消える II / 火を消す I、取り消す I	
機	キ	機会 / ～機：コピー機	
頼	ライ / たの・む / たよ・る	依頼する / 頼む I / 頼る I	
予	ヨ	予約 / 予定	
甘	あま・い	甘い	

伝統：Tradition ／传统／ truyền thống 　伝わる：Be reported ／传播／ lưu truyền
～機：Machine (used as suffix) ／～机／ máy~ 　消防車：Fire truck ／消防车／ xe cứu hỏa
依頼する：Ask, request ／请求，拜托／ nhờ và 　頼る：Depend on ／依靠／ dựa vào

30 回目 カタカナの言葉 (2)

Words written in katakana 2
外来語 (2)
Từ viết bằng katakana 2

ことば

- [ ] テニスの**コーチ**
  Coach
  教练
  huấn luyện viên

- [ ] **トレーニング**（を）する
  Train, exercise
  训练
  tập luyện

- [ ] **タオル**で汗を拭く
  Towels
  毛巾
  khăn lông

- [ ] サッカーの**ゲーム** ⊜ 試合
  Game, match
  比赛
  trận

- [ ] **ゲーム**で遊ぶ
  Computer game
  游戏
  trò chơi

- [ ] サッカーの**チーム**
  Team
  球队，团队
  đội

- [ ] チームの**キャプテン**
  Captain
  队长
  đội trưởng

- [ ] 車の**エンジン**
  Engine
  引擎
  động cơ

- [ ] **スピード**を出す
  Speed
  速度
  tốc độ

- [ ] **トラブル**が起こる
  Trouble
  纠纷
  rắc rối

- [ ] 服の**デザイン**
  Design
  设计
  kiểu dáng

- [ ] 服の**カタログ**
  Catalog
  产品目录
  ca-ta-lô

- [ ] 髪の毛を**カット**する ⊜ 切る
  Get a haircut, give a haircut
  剪
  cắt

- [ ] 欠点を**カバー**する
  Compensate for, make up for
  弥补
  che giấu

- [ ] 枕（の）**カバー**
  Cover, wrap
  （枕头）罩
  vỏ bọc

- [ ] 日本人の**イメージ** ⊜ 印象
  Image, impression
  印象
  hình ảnh

- [ ] 映画の**チケット** ⊜ 切符
  Ticket
  （电影）票
  vé

- [ ] **ドラマ**を見る
  Drama
  电视剧
  phim truyền hình

漢字

| 遊 | ユウ あそ・ぶ | 遊園地 遊ぶ I | 象 | ショウ | 印象 |
| 毛 | モウ け | 毛布 髪の毛 | 画 | ガ カク | 映画 計画する |

遊園地：Amusement park ／游乐园／ khu vui chơi　　毛布：Blanket ／毛毯／ cái chăn

各回のイラスト

1回目	琵琶湖	（滋賀県）	16回目	坂本龍馬像	（高知県）
2回目	信楽焼	（滋賀県）	17回目	土佐犬	（高知県）
3回目	鈴鹿サーキット	（三重県）	18回目	みかん	（愛媛県）
4回目	伊勢志摩の真珠	（三重県）	19回目	鯛	（愛媛県）
5回目	奈良公園の鹿	（奈良県）	20回目	金刀比羅宮	（香川県）
6回目	東大寺の大仏	（奈良県）	21回目	桃太郎	（岡山県）
7回目	梅干し	（和歌山県）	22回目	マスカット	（岡山県）
8回目	たこ焼き・通天閣	（大阪府）	23回目	鳥取砂丘	（鳥取県）
9回目	漫才	（大阪府）	24回目	梨	（鳥取県）
10回目	五山の送り火	（京都府）	25回目	出雲大社	（島根県）
11回目	舞妓	（京都府）	26回目	石見銀山	（島根県）
12回目	姫路城	（兵庫県）	27回目	厳島神社	（広島県）
13回目	神戸港	（兵庫県）	28回目	お好み焼き	（広島県）
14回目	鳴門海峡	（徳島県）	29回目	瓦そば	（山口県）
15回目	阿波踊り	（徳島県）	30回目	ふぐ	（山口県）

著者

本田 ゆかり（ほんだ ゆかり）
　東京外国語大学大学院国際学研究院　特別研究員
　Associate in Research, Edwin O. Reischauer Institute of Japanese Studies
　Visiting Scholar and Instructor, Showa Boston Institute

前坊 香菜子（まえぼう かなこ）
　NPO 法人日本語教育研究所　研究員、高崎経済大学、聖学院大学、文教大学、
　武蔵野大学　非常勤講師

菅原 裕子（すがわら ゆうこ）
　NPO 法人日本語教育研究所　研究員、リンゲージ日本語学校　企業派遣講師、
　フリーランス日本語インストラクター

関 裕子（せき ゆうこ）
　筑波大学グローバルコミュニケーション教育センター日本語教育部門、二松学舎大学文学部、
　東洋大学国際教育センター、東京海洋大学海洋工学部　非常勤講師

翻訳

英語　Ian Channing、中国語　鄭文全、ベトナム語　Lê Trần Thư Trúc

イラスト	装丁・本文デザイン
広野りお	梅津由子

ＪＬＰＴ 文字・語彙 N3 ポイント＆プラクティス

2021 年 6 月 10 日　初版第 1 刷発行
2024 年 5 月 20 日　第 4 刷 発 行

著　者　本田ゆかり　前坊香菜子　菅原裕子　関裕子
発行者　藤嵜政子
発　行　株式会社スリーエーネットワーク
　　　　〒102-0083　東京都千代田区麹町 3 丁目 4 番
　　　　　　　　　　トラスティ麹町ビル 2 F
　　　　電話　営業　03（5275）2722
　　　　　　　編集　03（5275）2725
　　　　https://www.3anet.co.jp/
印　刷　萩原印刷株式会社

ISBN978-4-88319-881-8　C0081

日本語能力試験対策問題集

JLPT
文字・語彙
N3
ポイント
&
プラクティス

<ruby>別冊<rt>べっさつ</rt></ruby>
<ruby>解答<rt>かいとう</rt></ruby>・<ruby>解説<rt>かいせつ</rt></ruby>

Answers and explanations
答案・解析
Đáp án và giải thích đáp án

スリーエーネットワーク

1 回目　p.2～p.3

やってみよう

1)　過ごす　✧「暮らす」は「生活する」の意味で使います。

2)　過ごした　3)　ぐっすり

1.

1) 昨日、（　1　ぐうぜん　）高校のときの友達と町で会った。

While in town yesterday, I bumped into a friend from high school days. ／昨天我在城里偶然遇到了高中时的朋友。／ Hôm qua, trên phố, tôi tình cờ gặp lại bạn hồi trung học.

2) 1か月の仕事の（　2　スケジュール　）を手帳に書いた。

I wrote out my work schedule for one month in my diary. ／我的记事本里写了未来一个月的工作安排。／ Tôi ghi vào sổ tay lịch trình công việc của một tháng.

✧ 1「ジョギング：Jogging ／跑步／ sự chạy bộ」

3)（　1　ぐっすり　）寝ていたので、地震に気づかなかった。

I didn't feel the earthquake as I was sleeping soundly. ／我睡得很熟，所以没有注意到地震。／ Tôi ngủ say sưa nên không nhận ra có động đất.

✧寝ている状態を説明する言葉「ぐっすり」が入ります。

4) 彼女は教室の前で（　3　立ち止まって　）、ポスターを見た。

She stopped in front of the classroom to look at the poster. ／她在教室前面站住了，看海报。／ Cô ấy đứng lại trước phòng học, xem tờ áp phích.

5) 姉は目立つのが好きで、いつも派手な（　3　服装　）をしている。

My sister likes to be noticed, and always wears flashy clothes. ／姐姐喜欢被人关注，总是穿着鲜艳的服装。／ Chị tôi thích nổi bật nên lúc nào cũng mặc trang phục sặc sỡ.

2.

1) 3　疲れた

今日は夜遅くまで残業して、とてもくたびれた。

Today, I did overtime till late in the evening and got really tired. ／今天我加班到深夜，非常疲惫。／ Hôm nay tôi làm thêm giờ đến khuya nên mệt rã rời.

2) 2　生活したい

将来、大きい家を建てて、家族といっしょに暮らしたい。

In the future, I want to build a big house and live with my family. ／将来我想盖个大房子，和家人生活在一起。／ Trong tương lai, tôi muốn xây một căn nhà to và sống cùng gia đình.

3.

1) 4　卒業した先輩に中古の冷蔵庫をもらった。

I received a second-hand refrigerator from someone in a higher grade who had graduated. ／毕业的前辈给了我一台旧冰箱。／ Tôi được đàn anh đã tốt nghiệp cho cái tủ lạnh đã qua sử dụng.

✧「中古」は主に車、電化製品、家具などに使われます。1は「おさがり：

Hand-me-downs (clothes, etc.) ／旧衣物／ (quần áo, v.v.) được người khác cho lại」、 2 は「古い（缶詰）」、

3 は「古く（なった）」とすると、正しい文になります。

2) 1 休みなので、家族で公園を<u>のんびり</u>散歩した。

As it was a holiday, I took a leisurely walk in the park with my family. ／放假了，我和家人在公园悠闲地散了步。／ Vì là ngày nghỉ nên cả gia đình thong thả tản bộ trong công viên.

➨「のんびり」は、心や体に余裕がある様子です。2 と 4 は「ゆっくり」、3 は「落ち着いて（➡10回目）」、とすると、正しい文になります。

4. 1) 1

　　 2) 2 　➨ 1「遅れる」➡17回目、3「濡れる：Get wet ／淋湿／ ướt」、

　　　　　　　 4「汚れる」➡3回目

　　 3) 3 　➨ 1「確かめる」、2「まとめる」と、4「やめる」はひらがなで書きます。

5. 1) 2 　➨ 1「寝（シン、ね・る）」、3「眼（ガン）」、

　　　　　　　 4「定（テイ、さだ・める）」

　　 2) 1

やってみよう

1) たまって　　 2) 重ねて　　 3) 動かして

➨自動詞、他動詞の問題です。

I. 1) ここにある本を（ 1　きちんと ）整理して、本棚に並べてください。

Please sort out these books properly, and put them in order on the bookshelf. ／请把这里的书好好整理一下，摆放到书架上。／ Vui lòng sắp xếp gọn gàng mấy cuốn sách ở đây và xếp chúng lên kệ.

2) 牛乳を（ 3　こぼさない ）ようにゆっくり飲みなさい。

Drink the milk slowly, without spilling it. ／牛奶要慢慢喝，别溢出来了。／ Uống từ từ thôi kẻo đổ sữa ra.

➨ 4「まぜる：Mix (in) ／混入，搅拌／ hòa vào, trộn lẫn」

3) 同じお皿はここに（ 2　重ねて ）、置いておいてください。

Please pile up all the dishes of the same type and put them here. ／请把相同的盘子摞起来放在这里。／ Hãy chồng mấy cái đĩa giống nhau lại rồi để sẵn ở đây.

4)　手が（　2　届かない　）ので、あの本を取ってください。

Please get that book for me, as I cannot reach it. ／那本书我够不到，请帮我取一下。／ Làm ơn lấy giúp tôi cuốn sách kia vì tôi không với tới được.

5)　古い新聞と雑誌をひもで（　2　しばって　）捨てる。

I tie up the old newspapers and magazines with string and throw them away. ／我要把旧报纸和旧杂志用绳子捆起来扔掉。／ Tôi dùng dây cột báo và tạp chí cũ lại để vứt đi.

2. 1)　1　かたづけた

帰る前に、机の上をきれいに整理した。

Before going home, I tidied up the desktop. ／在回家前我把书桌收拾得很干净。／ Trước khi về, tôi đã xếp gọn mặt bàn.

2)　2　ひとつにして

この部屋にあるごみをまとめて、捨ててください。

Please collect all the rubbish in this room and throw it away. ／请把这个房间的垃圾归置到一起扔掉。／ Hãy gom rác trong phòng này lại rồi vứt đi.

3. 1)　2　休みの日に、伸びた草を抜いたら、庭がすっきりした。

On my day off, I tidied up the garden after pulling up weeds. ／放假的时候我把院子里长的草拔掉了，清爽了很多。／ Vào ngày nghỉ, tôi nhổ hết cỏ mọc cao trong vườn nên khu vườn thoáng đãng hẳn.

⇒ 1と3は「取った」、4は「出して」とすると、正しい文になります。

2)　3　ここにある紙を色で分類して、まとめておいてください。

Please sort the paper here by color and gather it together. ／请把这里的纸按照颜色分类，放置到一起。／ Hãy phân loại những tờ giấy ở đây theo màu và xếp chúng lại sẵn.

⇒「分類」は、同じ種類に分けるときに使います。「分類する」を、1、2、4は「分けて」とすると、正しい文になります。

4. 1)　4　⇒ 1「壁」、2「棚」、3「庭」　　2)　2

3)　1　⇒ 2「覚える」、3「数える」➡18回目、4「加える」➡3回目

5. 1)　4　⇒ 2「拾（シュウ、ひろ・う）」

2)　1　⇒ 4「底（テイ、そこ）」

1.　1)　ワインをこぼしてしまって、白い服に（　3　しみ　）をつけてしまった。

I accidentally spilt wine and stained my white clothing. ／葡萄酒溢出来了，白衣服上沾上了污痕。／ Tôi làm đổ rượu vang và dây bẩn ra quần áo trắng.

　　　2)　卵と砂糖をよく（　2　かき混ぜたら　）、バターを少しずつ入れてください。

After mixing the eggs and sugar well, please add in butter little by little. ／把鸡蛋和糖充分搅拌，然后再一点一点加入黄油。／ Hãy khuấy đều trứng với đường rồi cho bơ vào từng chút một.

　　　3)　靴が汚れたので、きれいに（　4　みがいた　）。

My shoes had become dirty, so I brushed them clean. ／鞋子脏了，我把它擦干净了。／ Vì giày bị bẩn nên tôi đánh cho sạch lại.

　　　4)　このコーヒー豆はインドネシア（　2　産　）です。

These coffee beans were grown in Indonesia. ／这款咖啡豆是印度尼西亚产的。／ Hạt cà phê này có xuất xứ từ Indonesia.

　　　5)　洗濯物を（　3　ほした　）けど、雨なのでなかなか乾かない。

I hung the washing out, but it is not drying well because of the rain. ／洗的衣物虽然晾晒出去了，但是因为下雨所以怎么也不干。／ Tôi phơi quần áo đã giặt lên rồi nhưng vì trời mưa nên mãi vẫn chưa khô.

2.　1)　2　準備

　　　　　いつも母といっしょに食事の支度をしている。

I always prepare meals together with mother. ／我总是和妈妈一起准备饭菜。／ Lúc nào tôi cũng chuẩn bị bữa ăn cùng mẹ mình.

　　　2)　2　かたづけて

　　　　　帰る前に、机の上にある物をしまっておいてください。

Before going home, please put away the things on your desktop. ／回家前请把书桌上的物品收拾起来。／ Hãy cất đồ vật trên mặt bàn trước khi ra về.

3.　1)　2　ケーキを作るときは、きちんと小麦粉を量ってください。

When you make cakes, take care to weigh out the flour properly. ／做蛋糕时，要好好地称量面粉。／ Khi làm bánh hãy cân bột cho chính xác.

　　➡「量る」は、主に物の重さに使います。1は「記録して：Record ／记录／ ghi, lưu lại」、3は「話し合って（➡24回目）」、4は「数えたら（➡18回目）」とすると、正しい文になります。

　　　2)　1　スープが沸騰する前に、火を止めてください。

Before the soup boils, please turn the gas off. ／请在汤沸腾前把火关掉。／ Hãy tắt lửa trước khi súp sôi.

　　➡「沸騰する」を2と3は「上がる」、4は「興奮する：Get excited ／兴奋，激动／ hưng phấn, bị kích thích」とすると、正しい文になります。

4.

1) 4　➡1「米」、2「魚」、3「肉」

2) 2　➡1「変える」、3「使える」、4「迎える」

3) 2　➡1「うるさい」はひらがなで書きます。3「暗い」、4「狭い」

4) 3　➡1「落とす」➡10回目、2「差す」、4「返す」➡11回目

5.

1) 1　➡2「育（イク、そだ・てる、そだ・つ）」➡6回目

2) 1　➡2「乗（ジョウ、の・る、の・せる）」➡14回目

3) 2

4) 3　➡1～4「参（サン、まい・る）」、2「回（カイ）」➡28回目

やってみよう

1)　延期　　2)　すばらしい

➡「すばらしい」は状態、行動、様子などがとてもいいということが表現できて、広い意味で使われます。「立派な」は、作られた物や人の行動がとてもいいときに使います。

I.

1) この小説に（　3　登場　）する女性のようになりたい。

I want to be like the woman who appears in this novel. ／我想成为这部小说里的女性那样的好。／ Tôi muốn trở nên giống nhân vật nữ xuất hiện trong tiểu thuyết này.

➡「登場する」は、人や物がある場所、場面（例えば、舞台、小説、世の中）に現れることを言います。

2) 日本の文化や（　2　芸術　）にとても興味がある。

I am very interested in Japanese culture and arts. ／我对日本的文化和艺术非常感兴趣。／ Tôi có mối quan tâm lớn đến văn hóa và nghệ thuật Nhật Bản.

3) あれは70年前に（　2　建築　）された歴史のある美術館だ。

Built 70 years ago, that fine-arts museum has a lot of history. ／那座美术馆建于70年前，非常有历史。／ Kia là bảo tàng mỹ thuật có lịch sử xây dựng từ 70 năm trước.

4) 毎年、国際交流の（　1　イベント　）に参加している。

Every year, I take part in international exchange events. ／我每年都参加国际交流活动。／ Mỗi năm tôi đều tham gia sự kiện giao lưu quốc tế.

➡2「チャンス」➡29回目

5) あの歌手は、歌だけではなく、ピアノの（　1　演奏　）も上手だ。

That singer not only sings well but is also excellent on the piano. ／那位歌手不仅歌儿唱得好，钢琴弹得也很好。／ Ca sĩ kia không những hát hay mà còn chơi dương cầm giỏi nữa.

2. 1) 3　小説を書く人

将来、作家になりたいと思っています。

In the future, I want to become an author. ／我将来想当一名作家。／ Tôi muốn trở thành nhà văn trong tương lai.

2) 4　すばらしかった

田中さんのスピーチは、本当に立派だった。

Mr. Tanaka's speech was truly magnificent. ／田中的演讲太棒了。／ Bài phát biểu của anh Tanaka thực sự xuất sắc.

3. 1) 1　雨のため、今日の試合はあしたに延期します。

Because of the rain, today's match is being postponed till tomorrow. ／因为下雨，今天的比赛推迟到明天举行。／ Vì mưa nên trận đấu hôm nay sẽ được dời sang ngày mai.

✧「延期」は、イベントなどの予定の日を先に延ばすという意味です。「延期する」を、2は「延長する：Extend ／延长／ kéo dài」、3は「延ばす：Extend ／延长／ kéo dài」、4は「遅くする」とすると、正しい文になります。

2) 3　映画館は満員で、見たかった映画が見られなかった。

I was not able to see the film I came for because the cinema was full. ／电影院票卖完了，我没看上自己想看的电影。／ Rạp phim đã kín chỗ nên tôi không xem được bộ phim mình muốn xem.

✧「満員」は、映画館のように入れる人数が決まっている場所に、入れる最大の人がいるときに使います。1と4は「たくさん」、2は「いっぱい」とすると、正しい文になります。

4. 1) 3　　2) 2　　3) 4　　✧1「上がる」、2「下りる」、3「下がる」

5. 1) 2　　2) 4

---

5 回目 p.10 ～ p.11

I. 1) 紙のごみの中に（　4　まざって　）いるプラスチックのごみを取ってください。

Please remove the plastic mixed in with the paper garbage. ／请把混杂在纸垃圾中的塑料垃圾取出来。／ Hãy nhặt rác nhựa bị lẫn trong rác giấy ra.

2) （　1　自然　）が多いところで子どもを育てたい。

I wish to bring up my child in a place rich in nature. ／我想让孩子生长在接近大自然的环境中。／ Tôi muốn nuôi dạy con ở nơi có thiên nhiên bao la.

3) クーラーが故障したのか、（　1　温度　）が変えられない。

I cannot change the temperature; there may be a fault with the cooler. ／或许是空调坏了，无法调温度。／ Máy lạnh bị hư hay sao mà tôi không đổi nhiệt độ được.

➡2 「気温」は、外の温度に使います。自分では調整することはできません。

4) 人間は毎日たくさんの（　2　エネルギー　）を使っている。

A human being uses a lot of energy each day. ／人每天消耗大量的能量。／ Hàng ngày con người sử dụng rất nhiều năng lượng.

➡3 「コミュニケーション」➡29回目

5) 太陽が（　4　沈んで　）、周りが暗くなった。

The sun sank and darkness descended on the scene. ／太阳落山了，四周一片昏暗。／ Mặt Trời lặn, xung quanh tối đi.

➡1 「日が落ちる：The sun sets ／太阳落山／ mặt trời lặn」という表現はあります。

2. 1)　3　ひかって

窓から見える海がかがやいている。

The sea you can see through the window is glittering. ／从窗户看到的大海闪闪发光。／ Mặt biển nhìn từ cửa sổ sáng lấp lánh.

2)　2　かわかない

部屋の中では洗濯物がなかなか乾燥しない。

The washing will not dry well indoors. ／在房间里面洗的衣服怎么也不干。／ Phơi trong phòng thì đồ giặt lâu khô.

3. 1)　2　地震が発生したら、火はすぐに消してください。

If an earthquake happens, turn the gas off immediately. ／发生地震的话，请马上把火关掉。／ Khi xảy ra động đất, hãy tắt lửa ngay.

➡「発生」は、「よくないことが起こる、現れる」という意味です。例）問題が発生する。「発生する」を、1と4は「出る」、3は「生える」とすると、正しい文になります。

2)　4　庭の木が枯れてしまったので、切ることにした。

I decided to cut down the trees in the garden because they had died. ／院子里的树木枯死掉了，所以我决定把它砍掉。／ Cái cây trong vườn đã chết khô nên tôi quyết định đốn đi.

➡「枯れる」は、木や花などの植物に使います。1は「悪くなって」、2は「汚くなって」、3は「疲れて」とすると、正しい文になります。

4. 1)　4

2)　2　➡1 「生まれる」、3 「揺れる：Shake ／摇晃／ rung lắc」、4 「分かれる」

3)　1　➡2 「悲しい」、3 「厳しい」、4 「素晴らしい」

4) 4 ➩ 1「雲」、2「月」、3「日」

5. 1) 2 　2) 4 　➩ 2「湿（シツ、しめ・る）」、3「湯（トウ、ゆ）」
　　3) 1 　4) 3

---

6 回目

1. 1) 冬になると、インフルエンザの（ 1 患者 ）が増えてくる。

With the onset of winter, the number of influenza patients will increase. ／进入冬季之后患流感的人越来越多。／ Đến mùa đông là số bệnh nhân cúm lại tăng.

2) 寒いと思って、（ 4 体温 ）をはかったら、38 度もあった。

Feeling cold, I took my temperature and found that it was as high as 38 degrees. ／我感觉身体发冷，量了体温一看，竟然有 38 度。／ Cảm thấy lạnh nên tôi đo nhiệt độ cơ thể thì thấy lên tới 38 độ.

　➩ 3「室温：Room temperature ／室温／ nhiệt độ phòng」

3) 本を読むときは、（ 1 姿勢 ）をよくしないと、目が悪くなる。

If your posture is not good when you are reading a book, you will damage your eyes. ／看书的时候如果身体姿势不对，会损伤视力。／ Lúc đọc sách mà tư thế không đúng thì sẽ hại mắt.

4) 朝から何も食べていないので、（ 4 ふらふら ）する。

I feel dizzy, as I have eaten nothing since the morning. ／我从早上开始什么都没有吃，所以身体站立不稳。／ Từ sáng tới giờ tôi chưa ăn gì nên thấy choáng váng.

　➩「どきどき」➜9 回目

5) （ 2 手術 ）は成功して、来週には退院できる。

The operation being successful, I can leave hospital next week. ／我手术成功下周可以出院了。／ Cuộc phẫu thuật thành công nên tuần sau tôi có thể xuất viện.

2. 1) 1 涙を流した
　　何度練習しても上手にできなくて、泣いた。

I cried because I could not get good at it, no matter how hard I practiced. ／我练习了很多次也做不好，所以哭了。／ Tôi khóc vì luyện tập nhiều lần mà vẫn không giỏi lên được.

2) 3 育つ
　　子どもが成長する様子を見るのが楽しみだ。

I enjoy watching my child grow up. ／看着孩子成长充满快乐。／ Nhìn thấy con cái trưởng thành là niềm vui.

3. 1) 2　薬を飲んで、休んでいたら、少しずつ回復してきた。

After taking medicine and resting, I was able to gradually get better.／吃了药休息了一下之后，我逐渐康复了。／Nhờ uống thuốc rồi nghỉ ngơi nên tôi đã dần hồi phục.

➡「回復」は、元のよい状態に戻るという意味で、ここでは体の状態について使われています。「回復する」を、1は「直る」、3は「復興する：Revive, get things back to normal, rebuild／复兴，重建／khôi phục」、4は「もう一度使う」とすると、正しい文になります。

2) 4　髪がずいぶん伸びたので、美容院に切りに行こうと思っている。

As my hair has grown very long, I am thinking of going to the hairdresser to get it cut.／我头发长得太长了，所以想去美容院剪一下。／Tóc dài ra nhiều nên tôi định ra tiệm cắt.

➡1は「上がって」、2は「なくなって」、3は「広がって」とすると、正しい文になります。

4. 1) 1　　2) 1　➡2「親」、3「緑」、4「森」

3) 3　　4) 1

5) 2　➡1「歌う」、3「乗る」➡14回目、4「走る」

5. 1) 3　➡1、3「康（コウ）」、2、4「庫（コ）」

2) 3　➡4「療（リョウ）」

3) 1　➡4「汁（ジュウ・しる）」

7 回目　　　　　　　　　　　　　　　　　　　　p.14 ～ p.15

やってみよう

1)　仲間

➡「サッカー仲間に入る」は、サッカーをいっしょにするグループに入るという意味です。

2)　印象　　3)　出会った

4)　知り合った

➡「出会う」は、偶然人と会うという意味です。「知り合う」は、お互いのことを知るようになるという意味です。

1.

1) 奨学金の説明会には、申し込んだ（　4　本人　）が必ず出席してください。

Scholarship applicants are advised they must attend the briefing session in person. ／奖学金的说明会, 请申请的本人必须参加。／ Yêu cầu chính người đã nộp đơn tham dự buổi thuyết trình về học bổng.

2) 山田さんをパーティーに（　2　さそった　）けれど、いい返事はもらえなかった。

I invited Mr. Yamada to the party, but I was not able to get a satisfactory response. ／派对虽然我邀请了山田, 但是被他拒绝了。／ Tôi đã mời Yamada dự tiệc nhưng lại bị từ chối.

3) 外で音がしたのでドアを開けたが、誰の（　3　姿　）も見えなかった。

I opened the door because I heard a noise outside, but I was not able to see anybody. ／听到外面有声音我打开了门, 但是没看到人。／ Nghe tiếng động bên ngoài, tôi mở cửa ra nhưng lại chẳng thấy bóng dáng ai.

4) 何か言いたいことがあったら、（　1　直接　）わたしに言ってください。

If you have anything to say, please say it directly to me. ／如果有什么想说的话, 请直接跟我说。／ Nếu có điều gì muốn nói thì cứ nói trực tiếp với tôi.

5) イベントに参加する人（　3　全員　）が集まりましたか。

Has everybody involved in the event gathered here? ／参加活动的人员到齐了吗?／ Những người tham gia sự kiện đã tập hợp đông đủ chưa ạ?

2.

1) 1　誰にも話していない

わたしたちが結婚していることは秘密にしている。

We are keeping our marriage secret. ／我们已经结婚的事一直没有公开宣布。／ Chúng tôi giữ bí mật chuyện mình đã kết hôn.

2) 4　すてきな

彼女は魅力があるので、みんな彼女が大好きだ。

She is popular with everyone because she is attractive. ／她是一个有魅力的人, 所以大家都喜欢她。／ Cô ấy có sức quyến rũ nên được mọi người yêu mến.

➡「すてきな」➡10回目

3.

1) 1　子どものときからお互いのことをよく知っている。

We have known each other well since childhood. ／我们俩打小就相互知根知底。／ Chúng tôi biết rõ nhau từ khi còn nhỏ.

➡2は「二つ」、3は「両方」、4は「それぞれ」とすると、正しい文になります。

2) 4　店員の態度がとても失礼で、嫌な気分だ。

I am in a bad mood because the attitude of the shop staff was very rude. ／店员态度蛮横, 我非常不爽。／ Tôi thấy bực bội vì thái độ thô lỗ của nhân viên cửa hàng.

➡1は「調子」、2は「調子」「具合」、3は「かっこう」とすると、正しい文になります。

4.
1) 3
2) 2 ✈ 1「線<ruby>線<rt>せん</rt></ruby>」、3「<ruby>所<rt>ところ</rt></ruby>」、4「<ruby>丸<rt>まる</rt></ruby>」
3) 3 ✈ 1「<ruby>次<rt>つぎ</rt></ruby>」➡28<ruby>回目<rt>かいめ</rt></ruby>、2「<ruby>別<rt>べつ</rt></ruby>」、4「<ruby>先<rt>さき</rt></ruby>」　4) 4
5) 4 ✈ 1「<ruby>出<rt>だ</rt></ruby>す」、2「<ruby>消<rt>け</rt></ruby>す」➡29<ruby>回目<rt>かいめ</rt></ruby>、3「<ruby>探<rt>さが</rt></ruby>す」

---

8 回目 　　　　　　　　　　　　　p.16 ～ p.17

I.
1) いつもわたしを<ruby>助<rt>たす</rt></ruby>けてくれるので、<ruby>両親<rt>りょうしん</rt></ruby>にとても（　2　<ruby>感謝<rt>かんしゃ</rt></ruby>　）している。

I am very grateful to my parents for always helping me. ／父母一直帮助我，我非常感谢他们。／ Tôi biết ơn cha mẹ vì luôn giúp đỡ tôi.

2) わたしは<ruby>兄<rt>あに</rt></ruby>と<ruby>顔<rt>かお</rt></ruby>は<ruby>似<rt>に</rt></ruby>ているが、（　2　<ruby>性格<rt>せいかく</rt></ruby>　）はぜんぜん<ruby>違<rt>ちが</rt></ruby>う。

My face resembles that of my brother, but our personalities are completely different. ／我和哥哥长得像，但是性格完全不同。／ Tôi giống anh tôi về mặt mũi nhưng lại khác hẳn về tính tình.

3) <ruby>服<rt>ふく</rt></ruby>を<ruby>買<rt>か</rt></ruby>いたいという<ruby>友人<rt>ゆうじん</rt></ruby>に（　3　<ruby>付<rt>つ</rt></ruby>き<ruby>合<rt>あ</rt></ruby>って　）、デパートに<ruby>買<rt>か</rt></ruby>い<ruby>物<rt>もの</rt></ruby>に<ruby>行<rt>い</rt></ruby>った。

Together with a friend who wanted to buy clothing, we went shopping at the department store. ／朋友想买衣服，我陪她逛商场了。／ Bạn tôi muốn mua quần áo nên tôi cùng bạn đi đến cửa hàng để mua.

4) <ruby>最近<rt>さいきん</rt></ruby>、この<ruby>歌手<rt>かしゅ</rt></ruby>は（　4　<ruby>人気<rt>にんき</rt></ruby>　）が<ruby>出<rt>で</rt></ruby>てきて、テレビでよく<ruby>見<rt>み</rt></ruby>る。

This singer has been popular lately, and I often watch him on TV. ／最近这位歌手人气渐长，经常在电视上看到他。／ Gần đây ca sĩ này được yêu thích nên hay xuất hiện trên tivi.

5) <ruby>田中<rt>たなか</rt></ruby>さんは<ruby>自分<rt>じぶん</rt></ruby>の<ruby>飼<rt>か</rt></ruby>っている<ruby>猫<rt>ねこ</rt></ruby>がいちばんかわいいと（　2　<ruby>自慢<rt>じまん</rt></ruby>　）する。

Mr. Tanaka boasts that his cat is the cutest of all. ／田中向别人炫耀，觉得他养的猫是最可爱的。／ Anh Tanaka khoe con mèo mình nuôi là dễ thương nhất.

2.
1) 3　ひみつ

<ruby>親友<rt>しんゆう</rt></ruby>にも<ruby>言<rt>い</rt></ruby>わないで、ずっと<ruby>内緒<rt>ないしょ</rt></ruby>にしていることがある。

I have something confidential that I have not even told my close friends about. ／有些事我连对好朋友也没有说过，一直保守着秘密。／ Có những chuyện tôi giữ bí mật suốt, không nói với cả bạn thân.

2) 3　<ruby>手伝<rt>てつだ</rt></ruby>って

アンケートを<ruby>取<rt>と</rt></ruby>るために、みんなが<ruby>協力<rt>きょうりょく</rt></ruby>してくれた。

Everybody helped as I was doing the questionnaire. ／为了做问卷调查，得到了大家的帮助。／ Mọi người đã giúp đỡ tôi làm khảo sát.

3.
1) 4　<ruby>相手<rt>あいて</rt></ruby>の<ruby>立場<rt>たちば</rt></ruby>になって、<ruby>考<rt>かんが</rt></ruby>えてみたほうがいい。

It is wise to consider things from the perspective of the other person. ／你最好站在对方的立场想一想。／ Chúng ta nên đặt mình vào địa vị của đối phương để thử suy nghĩ.

✈ 1は「状態」、2は「場所」、3は「辺り（➡19回目）」とすると、正しい文になります。

2) 2　インターネットで世界中の人と交流することができる。

On the Internet, you can interact with people all around the world. ／通过互联网可以和全世界的人交流。／ Nhờ internet ta có thể giao lưu với mọi người trên toàn thế giới.

✈ 1は「合流：Converge／汇合, 交汇／ hợp lưu」、3と4は「交換」とすると、正しい文になります。

4.　1）　1

　　　2）　2　　✈ 1「預ける：Consign, entrust／存放／ giao, gửi (để nhờ giữ)」、3「届ける」、4「見つける」

　　　3）　4　　　4）　1

5.　1）　4　　　2）　1　　　3）　3　　✈ 1〜4「談（ダン）」、2「想（ソウ、ソ）」

　　　4）　2　　✈「必（ヒツ、かなら・ず）」➡9回目

---

9 回目　　　　　　　　　　　　　　　　　　　　p.18 〜 p.19

やってみよう

1)　不安　　2)　不満

✈「不安な」は、心配な気持ちがある状態です。「不満な」は、文句を言いたい気持ちがある状態です。

3)　苦労

I.　1)　痛みをずっと（　1　我慢　）するより、薬を飲んだほうがいい。

Rather than constantly enduring the pain, it would be better to take medicine. ／与其一直忍耐疼痛，还不如吃药。／ Nên uống thuốc thay vì chịu đựng cơn đau.

　　2)　（　2　せっかく　）キャンプの準備をしたのに、雨で中止になってしまった。

After all the effort of completing the camping preparations, the event was called off due to rain. ／好不容易做好了露营的准备，却因为下雨活动取消了。／ Tôi cất công chuẩn bị mà buổi cắm trại lại bị hủy vì mưa.

✈「せっかく〜のに」という形で使われることが多いです。残念な気持ちが含まれています。

3) いい製品だと思って買ったのに、すぐ壊れてしまい、（　2　がっかり　）した。

I bought it because I thought it was a good product, but I was disappointed to find that it broke immediately. ／本以为质量好才买的，结果很快就坏了，我很失望。／ Cứ nghĩ là hàng tốt nên mua về, thế mà nó lại hỏng ngay làm tôi thất vọng.

4) 仕事の多さよりも人間関係のほうにストレスを（　1　感じる　）。

It is human relations, rather than the volume of work, that causes me to feel stress at work. ／与繁忙的工作相比，人际关系更让我感到精神压力。／ Tôi cảm thấy căng thẳng vì quan hệ với người khác nhiều hơn vì khối lượng công việc.

5) 子どものとき、なぜ人は年を取るのだろうと（　3　不思議　）に思った。

When I was a child, I puzzled over why people grow older. ／小时候我曾经想不明白，人为什么会变老呢。／ Khi còn nhỏ, tôi thấy khó hiểu vì sao con người lại già đi.

2. 1）3　変な

このあいだ、おかしなことが起きたんだ。

Something strange happened the other day. ／这段时间发生了奇怪的事情。／ Hôm trước xảy ra một chuyện lạ lùng.

2）2　怖い

高いビルから落ちていくという恐ろしい夢を見た。

I had a terrifying dream of falling from a tall building. ／我做了一个噩梦，梦见自己从高的建筑上掉了下去。／ Tôi có một giấc mơ đáng sợ là mình bị rơi xuống từ nhà cao tầng.

3. 1）3　何年も働いているのに、給料が上がらないことが不満だ。

I am dissatisfied that no matter how many years I have worked, my salary has not risen. ／我虽然工作了很多年，但是工资没有上涨，我对此心怀不满。／ Tôi bất mãn vì mình làm việc nhiều năm mà không được tăng lương.

➡「不満な」を、1は「不安な」、2は「低い」、4は「足りない」「不十分な：

Inadequate ／缺乏，不够／ không đủ」などとすると、正しい文になります。

2）3　就職の面接の前なので、みんな緊張した顔をしている。

Everybody looks nervous, because they have job interviews coming up. ／即将参加面试，所以大家都很紧张。／ Trước buổi phỏng vấn xin việc làm nên mặt ai nấy đều lộ vẻ căng thẳng.

➡「緊張する」を、1は「ぴんと張る：Tighten ／拉紧／ kéo căng」、2は「（声が）あまり出なくなる」、4は「厳しく（育てられる）」などとすると、正しい文になります。

4. 1）4　➡1「甘い」➡29回目、2「辛い」、3「薄い」　2）2　3）2

5. 1）4　　2）1

14

やってみよう

1) 気になって　　2) 目立ち　　3) 当然　　4) すてき

Ⅰ.

1) 彼は新しい仕事に（　4　満足　）しているそうです。

They say that he is happy with his new job. ／听说他对新工作很满意。／Nghe nói anh ta hài lòng với công việc mới.

2) 緊張していましたが、だんだん気持ちが（　1　落ち着いて　）きました。

I was nervous at first, but gradually felt more relaxed. ／虽然我之前一直很紧张，但是心情逐渐平静了下来。／Lúc đầu tôi bị căng thẳng nhưng dần dần đã lấy lại bình tĩnh.

3) 母は、わたしが将来いい会社に入ることを（　1　期待　）している。

My mother hopes that one day I will join a good company. ／妈妈希望我将来能进入到好的公司工作。／Mẹ tôi kỳ vọng tương lai tôi sẽ vào làm ở một công ty tốt.

4) 彼は日本語を話すことに（　1　自信　）を持っている。

He is confident in his ability to speak Japanese. ／他对自己的日语口语有自信。／Anh ta tự tin khi nói tiếng Nhật.

5) 妹は日本の着物に（　3　関心　）を持っている。

My sister is interested in Japanese kimono. ／我妹妹对日本的和服感兴趣。／Em gái tôi có mối quan tâm với kimono Nhật.

➦「関心を持っている」は「関心がある」という意味です。

2.

1) 4　真面目に

　彼は日本に留学することを<u>真剣に</u>考えている。

He is seriously considering pursuing his studies in Japan. ／他在认真考虑去日本留学这件事。／Cậu ấy đang suy nghĩ nghiêm túc về chuyện du học ở Nhật.

2) 3　思っていたのとは違って

　今日の試験は<u>意外に</u>簡単だった。

The exam today was unexpectedly easy. ／今天的考试出乎意料地简单。／Bài thi hôm nay đơn giản không ngờ.

3.

1) 3　今の仕事は大変でとても忙しいので、もっと<u>楽</u>な仕事がしたいです。

I am very busy because the work is really tough, so I want to do an easier job. ／我现在的工作繁忙而辛苦，因此我想找份轻松的工作。／Công việc hiện tại vừa vất và vừa bận rộn nên tôi muốn làm công việc dễ dàng hơn.

➦「楽」は「楽しい」と同じ漢字を使いますが、「楽」には「楽しい」の意味はなく、「心や体が苦しくない」「簡単だ」「大変ではない」などの意味があります。「楽な」を、1は「便利な」、2は「おもしろい」「楽しい」、4は「楽しい」とすると、正しい文になります。「ユーモア」➦24回目

2）4　有名なレストランに行きましたが、意外に空いていました。

I went to a well-known restaurant, but it was less crowded than I had expected. ／我去了家名气很大的餐馆，没想到这里人很少。／ Tôi đến một nhà hàng nổi tiếng nhưng không ngờ vẫn còn nhiều bàn trống.

✦１は「嫌い」「苦手」、２は「間違い」「うそ」、３は「思ったとおり」「簡単」とすると、正しい文になります。

4.　1）4　　2）2

5.　1）4　✦１～４「係（ケイ、かか・る）」　2）2

11 回目　p.22 ～ p.23

1.　1）一生懸命勉強したら、（　2　成績　）が上がった。

My grades improved after I started studying hard. ／我努力地学习，成绩也有了提升。／ Khi đã quyết tâm học hành là thành tích của tôi cũng tiến bộ hẳn.

2）うまくできなかったので、もう一度最初からやり（　4　直す　）ことにした。

I decided to start over as it did not go well the first time. ／因为进展不顺，所以我决定从零开始重新做一遍。／ Vì làm chưa tốt nên tôi quyết định làm lại từ đầu lần nữa.

3）弟は高校を卒業した後、大学に（　3　進学した　）。

After graduating from high school, my brother went on to university. ／我弟弟高中毕业后升入了大学。／ Sau khi tốt nghiệp trung học, em trai tôi đã học tiếp lên đại học.

4）いつか日本の会社で働くという（　2　目標　）を立てた。

I set myself the goal of working in a Japanese company some day. ／我给自己确定了目标，总有一天要在日本的公司工作。／ Tôi đã đề ra mục tiêu lúc nào đó sẽ làm việc ở công ty Nhật.

✦「予定」は、「あした会議をする」、「来週旅行へ行く」など、これからする行動やその内容が、もう決まっていることに使います。「目標」は「今年はN3に合格する」「お金をためて、旅行に行く」など、そうなりたい、達成したいと思うことに使います。

2.　1）1　意味がわかりました

先生の説明を聞いて、この言葉の意味を理解しました。

Listening to the teacher's explanation, I came to understand the meaning of this word. ／听了老师的解释，我明白了这个词语的意思。／ Sau khi nghe giáo viên giải thích, tôi đã hiểu ý nghĩa của từ này.

2) 3　何度もして

失敗を<u>くりかえして</u>、やっと合格できた。

After messing up repeatedly, I finally passed the exam. ／经历多次失败之后，我终于考过了。／ Sau nhiều lần thất bại, cuối cùng tôi đã thi đậu.

3.

1) 2　その漢字の書き方、<u>間違って</u>いますよ。

You have written that *kanji* wrongly. ／你把这个汉字写错了哦。／ Bạn viết Hán tự đó sai cách rồi.

➡「間違う」は、人のすることや考えることが正しくないという意味です。1、3、4は「違う」とすると、正しい文になります。1、3、4の文の「違う」は正しくないという意味ではなく、同じではない、異なるという意味です。

2) 2　宿題は、あしたまでに<u>提出</u>してください。

Please hand in your homework by tomorrow. ／请明天之前提交作业。／ Hãy nộp bài tập về nhà trước ngày mai.

➡「提出」は、書類や宿題などを受け取る人や場所に出すという意味です。「提出する」を、1は「飛び出す：Fly out, stick out, pop out ／跑过来，突然出现／ nhảy ra, chạy ra」、3は「出発する」、4は「送る」とすると、正しい文になります。

4.

1) 2　　2) 2　　3) 1　　4) 1

5.

1) 3　➡1〜4「導（ドウ、みちび・く）」　　2) 2　➡1「各（カク）」

3) 2　➡1「変（ヘン、か・える、か・わる）」　　4) 1

---

12 回目　　　　　　　　　　　　　　　　　　　　　　p.24 〜 p.25

I.

1) 自分の失敗を人の（　3　せい　）にしてはいけません。

You must not blame others for your own mistakes. ／不能把自己的失败归咎于别人。／ Không được đổ lỗi cho người khác về thất bại của mình.

2) 彼女は、彼と結婚するかどうか、ずっと（　4　迷って　）いる。

She has been unable to decide whether or not to marry him. ／她非常犹豫要不要同他结婚。／ Cô ấy cứ phân vân mãi xem có nên lấy anh ta không.

3) お金がないので、進学を（　1　あきらめました　）。

For want of money, I gave up the idea of continuing my education at a higher level. ／因为没有钱，所以我决定放弃升学。／ Vì không có tiền nên tôi đã từ bỏ chuyện học lên.

4) 子どもが（　1　いたずら　）をしたので、叱りました。

I scolded my child for playing a trick. ／孩子调皮，所以我批评了他。／ Vì con nghịch phá nên tôi đã mắng nó.

5) みんなで相談して、夏休みの旅行先を海に（　2　決めました　）。

After consulting with everybody, I decided on the seaside as a destination for our summer holidays. ／和大家商量之后，我决定暑假去海边旅行。／ Mọi người đã cùng nhau bàn bạc và quyết định đi nghỉ hè ở biển.

2.　1)　1　事故を起こさないようにする

　　　事故を防ぐために、みんなで協力しましょう。

Let us work together to prevent accidents. ／大家一起努力来预防事故的发生。／ Hãy cùng nhau hợp sức để phòng ngừa tai nạn.

2)　2　方法

　　　友達に漢字の勉強のしかたを聞きました。

I asked a friend how he went about studying *kanji*. ／我向朋友请教了如何学习汉字。／ Tôi đã hỏi bạn cách học Hán tự.

3.　1)　2　みんなが助けてくれたので、その問題はもう解決しました。

Thanks to everybody's help, this problem has already been resolved. ／多亏了大家帮忙，那个问题已经解决了。／ Nhờ mọi người giúp đỡ nên vấn đề đó đã được giải quyết.

　　➡ 事件や事故、困ったことなどの問題は「解決する」、テストや試験などの問題は「解く」を使います。「解決する」を、1は「理解する」、3は「解く」「わかる」、4は「決める」とすると、正しい文になります。

2)　3　彼女はその手紙を読むと、破りました。

After reading the letter, she tore it up. ／她把那封信读完之后撕碎了。／ Cô ấy đọc xong bức thư đó là xé luôn.

　　➡ 1は「かぶった」、2は「割れて」、4は「切りました」とすると、正しい文になります。

4.　1)　3

2)　3　➡ 1「切れる：Break, come apart ／断裂，断开／ dứt」、2「壊れる」、4「割れる」

3)　4

5.　1)　2　　2)　2　　3)　1　　4)　2

---

13 回目　　　　　　　　　　　　　　p.26 〜 p.27

やってみよう
1)　費用　　2)　価格　　3)　給料　　4)　現金

I. 1) このアパートの（ 4 家賃（やちん） ）は、1か月（げつ）7万円（まんえん）です。

The rent for this apartment is 70,000 yen a month. ／这座公寓的房租是每月 7 万日元。／ Giá thuê căn hộ này là 70 ngàn yên một tháng.

2) 今日（きょう）は（ 1 給料（きゅうりょう） ）が入（はい）ったので、家族（かぞく）にケーキを買（か）った。

I got my wages today, so I bought a cake for the family. ／我今天发工资，所以给家人买了蛋糕。／ Hôm nay được lĩnh lương nên tôi mua bánh đãi cả nhà.

3) 今月（こんげつ）の電気（でんき）の（ 4 料金（りょうきん） ）は、1万円（まんえん）だった。

The electricity bill for this month was 10,000 yen. ／本月的电费是 1 万日元。／ Tiền điện tháng này là 10 ngàn yên.

4) 食事（しょくじ）にかかったお金（かね）は、（ 2 合計（ごうけい） ）5,500 円（えん）です。

The total cost of the meal is 5,500 yen. ／在餐饮上花费的钱合计 5500 日元。／ Tổng số tiền đã chi cho bữa ăn là 5500 yên.

5) 雨（あめ）が降（ふ）らないので、野菜（やさい）の（ 1 値段（ねだん） ）が上（あ）がっている。

Due to the lack of rain, the price of vegetables is rising. ／因为不下雨所以蔬菜价格上涨。／ Vì trời không mưa nên giá rau củ tăng.

2. 1) 1 使（つか）わないようにしている

最近（さいきん）、お金（かね）を節約（せつやく）している。

Recently, I have been saving money. ／我最近很省。／ Gần đây tôi đang tiết kiệm tiền.

➪「節約（せつやく）」はお金（かねいがい）以外のことにも使（つか）えます。例（れい）) 電気（でんき）を節約（せつやく）する。時間（じかん）を節約（せつやく）する。

2) 3 ためた

50 万円（まんえんちょきん）貯金した。

I added 500,000 yen into my savings. ／我存了 50 万日元。／ Tôi đã để dành được 500 ngàn yên.

3. 1) 3 あのスーパーは新（あたら）しくてきれいだが、品物（しなもの）がよくない。

That supermarket is new and clean, but its products are not good. ／那家超市虽然很新很干净，但是东西不好。／ Siêu thị kia tuy mới và đẹp nhưng hàng hóa lại không tốt.

➪ 1は「忘（わす）れ物（もの）」、2は「材料（ざいりょう）：Ingredients ／原材料, 食材／ nguyên liệu」、4は「借（か）りた物（もの）」とすると、正（ただ）しい文（ぶん）になります。

2) 1 大学（だいがく）の授業料（じゅぎょうりょう）は、今週（こんしゅう）、1年分（ねんぶん）まとめて支払（しはら）うつもりだ。

I plan to pay the year's university tuition fees in a lump sum this week. ／我打算本周把一年的大学学费都交了。／ Tôi dự định tuần này sẽ đóng học phí đại học cho cả năm.

➪「支払（しはら）う」は仕事（しごと）や手続（てつづ）きなどで「お金（かね）を渡（わた）す」という意味（いみ）しかなく、プレゼントやお祝（いわ）いなど、特別（とくべつ）な気持（きも）ちがあってお金（かね）を渡（わた）すときには使（つか）いません。「払（はら）う」は「支払（しはら）う」とちがって、「注意（ちゅうい）を払（はら）う」のように、お金（かね）以外（いがい）にも使（つか）うことができます。2は「下（お）ろす」、3は「払（はら）った」、4は「あげた」とすると、正（ただ）しい文（ぶん）になります。

4. 1）1 　2）2

5. 1）3　✈1～4「活（カツ）」➜25回目　2）4

---

14 回目 p.28 〜 p.29

やってみよう

1）到着（とうちゃく）　2）急いで（いそ）　3）券（けん）　4）速い（はや）

✈「速（はや）い」は「新幹線（しんかんせん）は速（はや）い」のようにスピードがはやいとき、「早（はや）い」は「今日（きょう）はいつもより早（はや）く学校（がっこう）へ行（い）く」のように時間（じかん）がはやいときに使（つか）います。

I. 1）空港（くうこう）へ友達（ともだち）を（　4　見送（みおく）り　）に行（い）きました。

I went to the airport to see off departing friends. ／我去机场给朋友送行了。／ Tôi ra sân bay tiễn bạn.

2）「駐車（ちゅうしゃ）（　1　禁止（きんし）　）」はここに車（くるま）を止（と）めてはいけないという意味（いみ）です。

"No parking" means that vehicles cannot be left here. ／"驻车禁止"意思是这里严禁停车。／Cấm đậu xe" nghĩa là không được đậu xe ở đây.

3）山（やま）の上（うえ）からきれいな景色（けしき）を（　3　眺（なが）めました　）。

I looked at the beautiful scenery from the top of the mountain. ／我从山上眺望到了美丽的景色。／ Tôi ngắm cảnh đẹp từ trên đỉnh núi.

✈1「観光（かんこう）する」は「お寺（てら）を観光（かんこう）する」のように場所（ばしょ）を表（あらわ）す言葉（ことば）といっしょに使（つか）います。4は「〜が見（み）えました」だと使（つか）うことができます。

4）友達（ともだち）を車（くるま）に（　4　乗（の）せて　）、いっしょにドライブに出（で）かけました。

I invited my friend into the car and together we went on a drive. ／我载上朋友一起去兜风了。／ Tôi lái xe hơi chở bạn cùng đi chơi.

5）うちから駅（えき）まで自転車（じてんしゃ）で（　1　移動（いどう）　）しています。

I am cycling from my home to the station. ／从家到车站我一直骑自行车。／ Tôi thường di chuyển từ nhà đến ga bằng xe đạp.

2. 1）4　渡（わた）る

車（くるま）が来（こ）ないかどうか確認（かくにん）してから、道（みち）を横断（おうだん）する。

You cross the road after checking whether or not there are oncoming vehicles. ／确认是否有车辆之后再横穿马路。／ Sau khi đã kiểm tra không có xe chạy đến rồi mới băng qua đường.

2）4　人（ひと）が多（おお）かったです

昨日（きのう）は大（おお）きなイベントがあったので、町（まち）は混雑（こんざつ）していました。

The town was crowded because a major event was underway yesterday.／昨天城市里举办了大型活动，所以人多拥挤。／Vì hôm qua có sự kiện lớn nên phố xá rất đông đúc.

3. 1) 4 　都合が悪くなったので、レストランの予約を<u>取り消し</u>ました。

I cancelled the restaurant reservations, as the timing was not good for me.／我时间上不方便所以取消了预订的餐厅。／Vì giờ giấc không tiện nữa nên tôi đã hủy đặt chỗ nhà hàng.

➡️「取り消す」は一度言ったことや、決めたことを、なかったことにするという意味です。1は「中止になりました」、2は「忘れたい」、3は「消しました」とすると、正しい文になります。

2) 4 　道路を渡るときは、車に気をつけてください。

When crossing the road, please watch out for cars.／过马路时请小心车辆。／Khi băng qua đường, hãy chú ý xe cộ.

➡️「道路」は人や車が通るために、人が作って、使いやすいように整えた道という意味があります。1は「道」「行き方」、2は「交通」、3は「通行：Passage／通行，通过／giao thông, lưu thông」とすると、正しい文になります。

4. 1) 2 　　2) 1

5. 1) 2 　　2) 3

15 回目　　　　　　　　　　　　　p.30 〜 p.31

やってみよう

1) 職業　　2) 企業　　3) 応募　　4) 申込書　　5) 発展

I. 1) となりの町の工場では夜遅い時間に働ける人を（ 4 募集 ）しています。

A factory in the next town is recruiting people who can work late at night.／附近小镇的工厂里正在招聘能在深夜上班的人。／Nhà máy ở thị trấn bên cạnh đang tuyển người có thể làm ca đêm.

2) この国は（ 4 農業 ）が盛んで、外国に野菜や果物を輸出しています。

Agriculture flourishes in this country, and it exports fruit and vegetables.／这个国家农业发达，向国外出口蔬菜和水果。／Nước này phát triển về nông nghiệp nên xuất khẩu rau củ và trái cây ra nước ngoài.

3) 彼は仕事で（ 3 成功 ）して、会社を大きくした。

He did well in his work and the company expanded.／他事业取得了成功，扩大了公司的规模。／Ông ấy thành công trong công việc và mở rộng công ty.

4) 3 目的
面接で日本に来た（　3　目的　）について聞かれました。

At the interview, I was questioned about my aims in coming to Japan. ／我在面试时被问及来日本的目的是什么。／ Trong buổi phỏng vấn, tôi đã được hỏi về mục đích đến Nhật.

➡「目的」は何のためか、「目標」は達成したいと望むこと、ゴールです。例えば、「日本の大学で勉強するために、日本に来ました。いつか日本の会社で働きたいです。」の場合、「日本の大学で勉強する」が「目的」、「日本の会社で働くこと」が「目標」です。

5) 4 申し込んで
会議室を使いたいときは、事務室に（　4　申し込んで　）ください。

When you want to use the conference room, please apply to the administrative office. ／如果想使用会议室请向办公室申请。／ Khi muốn dùng phòng họp, hãy xin phép văn phòng.

2. 1) 3 書きました
名前と住所を記入しました。

I filled in my name and address. ／我填写了姓名和住址。／ Tôi đã điền họ tên và địa chỉ.

2) 1 会社
有名で、給料がいい企業で働きたいです。

I want to work at a well-known company that pays a good salary. ／我想在名气大的、工资高的企业工作。／ Tôi muốn làm ở doanh nghiệp nổi tiếng và trả lương cao.

3. 1) 2 この犬は警察犬になるために訓練されました。

This dog was trained to be a police dog. ／这只犬接受了为了成为警犬所需的训练。／ Con chó này đã được huấn luyện để trở thành cảnh khuyển.

➡「訓練」は技術などをより高めるために、何かを教えたり、何かをさせたりするという意味でよく使います。1は「運動」、3は「練習」、4は「連絡」「報告（➡24回目）」とすると、正しい文になります。

2) 3 町の経済が発展して、高いビルが増えました。

The town developed economically, and the number of high-rise buildings increased. ／城市的经济发展了，高层建筑越来越多。／ Kinh tế của thị trấn phát triển, số nhà cao tầng tăng lên.

➡「発展」は社会や科学技術などの勢いが大きく伸びて広がっていくという意味です。1は「上達：Improve ／擅长，精通／ có tiến bộ, cải thiện」、2は「成長」、4は「発生」とすると、正しい文になります。

4. 1) 4　　2) 3

5. 1) 2　　2) 2

やってみよう

1)　進めます　　2)　製品　　3)　調節　　4)　担当　　5)　完成

I.　1)　このパソコンは日本（　3　製　）です。

This computer is of Japanese manufacture. ／这台电脑是日本生产的。／ Máy vi tính này được sản xuất tại Nhật.

2)　科学技術が（　3　進歩　）して、生活が便利になりました。

With the advance of science and technology, daily life has become more convenient. ／科技进步，生活变得便捷了。／ Khoa học kỹ thuật tiến bộ, đời sống tiện lợi hơn.

➡2 「進行」は、バスや電車など乗り物が目的地点に向かっていくことや、活動や作業などが進むという意味です。「進歩」は、物事が前よりもよいほうへ進んでいくことです。技術が前よりよいほうに進むという意味なので「進歩」が適当です。

3)　壊れた機械を（　3　修理　）してもらいました。

I had the broken machine repaired. ／我请人修理了坏掉的机器。／ Tôi đã nhờ người sửa cái máy bị hỏng.

4)　みんな集まったら、（　1　作業　）を始めましょう。

Let us begin the work when everybody is gathered together. ／大家到齐之后我们就开始工作吧。／ Chúng ta sẽ bắt đầu làm việc khi mọi người đến đông đủ.

5)　ごみを（　2　処理　）するのにも、お金がかかります。

Disposing of garbage also costs money. ／处理垃圾也需要花费金钱。／ Ngay cả chuyện xử lý rác cũng tốn tiền.

2.　1)　2　たしかめます

来週のスケジュールを確認します。

I will check next week's schedule. ／核对一下下一周的工作日程。／ Tôi sẽ xác nhận lịch trình của tuần sau.

2)　2　つかって

この工場ではさまざまな機械を使用しています。

In this factory, a wide range of machinery is used. ／这家工厂使用各种各样的机器。／ Nhà máy này sử dụng nhiều loại máy móc.

3.　1)　3　この製品のいちばんの特長を教えてください。

Please tell me about the best features of this product. ／请告诉我这款产品最主要的特色。／ Hãy cho tôi biết ưu điểm hàng đầu của sản phẩm này.

➡1は「とても大きいので」、2は「特急」、4は「特別」で、「特別な方法」とすると、正しい文になります。

2) 2　よく聞_きこえないので、テレビの音_{おと}を調節_{ちょうせつ}しました。

I turned up the TV volume, as I could not hear it well. ／我听不清楚，所以调整了电视的音量。／ Vì không nghe rõ nên tôi điều chỉnh âm thanh của tivi.

➪「調節_{ちょうせつ}」は大_{おお}きさ、長_{なが}さ、高_{たか}さなどをちょうどいい状態_{じょうたい}にしたり、合_あわせたりするという意味_{いみ}です。「調節_{ちょうせつ}する」を、1は「やり直_{なお}す」、3は「整理_{せいり}する」、4は「節約_{せつやく}する」とすると、正_{ただ}しい文_{ぶん}になります。

4.　1）3　　2）3

5.　1）2　　2）4

---

17 回目　p.34 ～ p.35

やってみよう

1）営業_{えいぎょう}　　2）済_すませる　　3）引_ひき受_うけて　➪「受_うけ取_とる」➡22回目_{かいめ}
4）責任_{せきにん}

I.　1）父_{ちち}は社長_{しゃちょう}で、会社_{かいしゃ}を（　2　経営_{けいえい}　）しています。

My father is president and runs the company. ／我父亲是社长，经营着公司。／ Cha tôi là giám đốc, quản lý công ty.

2）1週間_{しゅうかん}（　1　休暇_{きゅうか}　）を取_とって、家族_{かぞく}と旅行_{りょこう}に行_いきます。

I am taking one week's holiday, and will go traveling with my family. ／我打算休一周假，和家人一起去旅行。／ Tôi sẽ xin nghỉ phép một tuần, đi du lịch cùng gia đình.

3）あさってから10日間_{かかん}、仕事_{しごと}で海外_{かいがい}に（　3　出張_{しゅっちょう}　）することになりました。

I am to be sent on an overseas work assignment for 10 days from the day after tomorrow. ／从后天开始我要去国外出差十天时间。／ Tôi sắp phải đi công tác nước ngoài trong mười ngày kể từ ngày mốt.

4）夏休_{なつやす}みに海外旅行_{かいがいりょこう}がしたいので、インターネットで（　2　情報_{じょうほう}　）を集_{あつ}めます。

I want to travel abroad during the summer vacation, so I am collecting information online. ／暑假期间我打算去国外旅行，所以要在互联网上收集信息。／ Tôi muốn đi du lịch nước ngoài vào dịp nghỉ hè nên sẽ thu thập thông tin trên internet.

5）この店_{みせ}は朝_{あさ}10時_じから夜_{よる}8時_じまで（　1　営業_{えいぎょう}　）しています。

This shop is open from 10 am to 8 pm. ／这家店的营业时间是从早上 10 点到晚上 8 点。／ Cửa hàng này kinh doanh từ 10 giờ sáng đến 8 giờ tối.

2. 1) 3 事務所(じむしょ)

田中(たなか)さんは今(いま)オフィスにいます。

Mr. Tanaka is in the office now. ／田中现在在办公室。／ Anh Tanaka đang ở văn phòng.

2) 2 同(おな)じ会社(かいしゃ)の人(ひと)

彼(かれ)はわたしの同僚(どうりょう)です。

He is my colleague. ／他是我的同事。／ Anh ấy là đồng nghiệp của tôi.

3. 1) 2 1時間(じかん)も寝坊(ねぼう)して、会議(かいぎ)に遅刻(ちこく)しました。

I overslept one hour and was late for the meeting. ／我睡了一个小时懒觉，开会迟到了。／ Tôi ngủ quên đến một tiếng nên bị muộn giờ họp.

「遅刻(ちこく)」は、人(ひと)が、学校(がっこう)や会社(かいしゃ)や待(ま)ち合(あ)わせなどの決(き)められた時間(じかん)に遅(おく)れるという意味(いみ)です。1、3、4は遅(おく)れたのはそれぞれバス、時計(とけい)、作業(さぎょう)で、人(ひと)ではありません。「遅刻(ちこく)する」を、1、3、4は「遅(おく)れる」とすると、正(ただ)しい文(ぶん)になります。

2) 1 この書類(しょるい)に住所(じゅうしょ)と名前(なまえ)を書(か)いてください。

Please write down your name and address on this form. ／请在这份文件上填写住址和姓名。／ Hãy ghi địa chỉ và họ tên lên những giấy tờ này.

2は「文房具(ぶんぼうぐ)：Stationery ／文具／ văn phòng phẩm」、3は「資料(しりょう)：Document, data ／资料／ tư liệu」、4は「本(ほん)」とすると、正(ただ)しい文(ぶん)になります。

4. 1) 2　2) 2

5. 1) 2　2) 1

18 回目 　p.36 〜 p.37

やってみよう

1) 倍(ばい)　2) 減(へ)り　3) 増(ふ)えた　4) 最高(さいこう)　5) 大量(たいりょう)

1. 1) 今年(ことし)の夏(なつ)はいろいろなところに行(い)けて、（ 1 最高(さいこう) ）に楽(たの)しかった。

During summer this year, I had a lot of fun going to various different places. ／今年夏天我去了很多地方，极其开心。／ Hè năm nay tôi được đi nhiều nơi nên vui sướng cực kỳ.

2) 留学生はこの学校の学生の20パーセントを（　2　占めて　）います。

Overseas students account for 20% of those enrolled at this college. ／留学生占这所学校学生的百分之二十。／Du học sinh chiếm 20% số sinh viên của trường này.

3) 町の人口が約半分に（　4　へりました　）。

The population of this town has declined by about half. ／城市的人口减少到了大约一半。／Dân số thị trấn đã giảm còn khoảng một nửa.

4) 20年前に比べて、企業の数が（　2　倍　）になりました。

Compared with 20 years ago, the number of companies has doubled. ／与20年前相比，企业的数量增加了一倍。／So với 20 năm trước, số doanh nghiệp đã tăng gấp đôi.

5) この地図を見れば、町（　3　全体　）の様子がわかります。

If you look at this map, you will get an overall idea of how the town looks. ／看地图可以了解整座城市的情况。／Nhìn bản đồ này ta sẽ thấy được trạng thái tổng thể của thị trấn.

2. 1) 3　残った

お金があまったので、貯金しました。

I had some money left over, so I put it into my savings. ／我有了多余的钱，所以存起来了。／Vì tiền còn dư nên tôi đã để dành lại.

2) 3　ひどい

あの人は最低な人です。

That person is a wretch. ／那个人是人渣。／Hắn ta là kẻ tồi tệ.

3. 1) 4　社長の意見に反対する社員は全体の半分を占めています。

Employees who disagreed with the president's opinion accounted for about half of the total. ／对社长的主张持反对意见的职员占一半。／Số nhân viên phản đối ý kiến của giám đốc chiếm một nửa trong tổng số nhân viên.

➡「占める」は全体の中で、それがどのぐらいある／いるか、という意味です。
1は「かかります」、2は「持って」、3は「占って：Tell (someone's) fortune ／占卜／bói, đoán số tử vi」とすると、正しい文になります。

2) 1　その木の高さは3メートル程度です。

That tree is around 3 meters high. ／那棵树高约3米。／Độ cao của cái cây đó là khoảng 3 mét.

➡「～程度」は「～くらい／ぐらい」と意味が似ています。「～程度」は「1メートル程度」「5分程度」のように基準になる大きさ、長さ、高さ、強さ、重さ、多さ、レベルなどを表す言葉といっしょに使います。2は「少し」「適当」、3、4は「ごろ」とすると、正しい文になります。

4. 1) 4　➡1「数」、2「缶」、3「袋」　　2) 3

5. 1) 2　　2) 2

やってみよう

1) 辺り ➡「辺り」と「近所」はどちらも近いところという意味ですが、例えば、「うちの辺り」は、うちとその周りです。「うちの近所」は、うちから近いところで、うちは入りません。

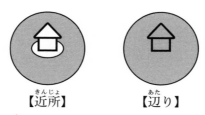

【近所】　【辺り】

2) 側　3) 地下　4) 向き　5) がらがら

I.

1) この（ 2 辺り ）に郵便局はありませんか。

Is there a post office in this area? ／这附近有邮局吗？／ Quanh đây có bưu điện không ạ?

2) コンサートの席は前から2（ 3 列 ）目です。

The seats for the concert are in the second row in from the front. ／音乐会的席位在从前面数第二排。／ Chỗ ngồi trong buổi hòa nhạc nằm ở hàng thứ 2 tính từ trước.

3) 道に迷ったので、地図で駅の（ 1 位置 ）を確認しました。

Having got lost, I checked the location of the station on the map. ／我迷路了，所以看地图确认了车站的位置。／ Vì bị lạc đường nên tôi kiểm tra lại vị trí nhà ga trên bản đồ.

4) となりの人とできるだけ（ 3 間隔 ）を空けて座ってください。

Please sit as far as possible from your neighbors. ／请与旁边的人尽量保持间距就坐。／ Hãy cố gắng ngồi cách người bên cạnh một khoảng.

5) 休みの日は子どもといっしょに公園を（ 4 ぶらぶら ）散歩します。

On my days off, I go strolling around the park with the children. ／放假的时候我和孩子一起去公园悠闲地散步。／ Vào ngày nghỉ, tôi đi dạo loanh quanh trong công viên với con.

➡「ぶらぶら」は特に目的がなく、ゆっくり歩いている様子です。

2.

1) 4　すいていました

昨日行ったレストランは<u>がらがら</u>でした。

The restaurant I went to yesterday was empty. ／昨天我去的那家餐馆空荡荡的。／ Nhà hàng tôi đi hôm qua trống chỗ nhiều.

2) 4　場所

いすとテーブルの<u>位置</u>を決めました。

I decided on the position of tables and chairs. ／我确定了椅子和桌子的位置。／ Tôi đã quyết định vị trí của ghế và bàn.

3. 1) 2　この地方の習慣を知らないので、教えてください。

Please tell me about the customs of this region, as I am unfamiliar with them. ／我不了解本地的风俗习惯，请告诉我。／ Tôi không biết tập quán của vùng này nên làm ơn chỉ cho tôi.

➡「地方」は、「この地方の文化」、「この地方の経済」のように、家の近所や一つの町よりも広い範囲の土地を表すことが多いです。1は「南の地方」を「南側」、3は「場所」、4は「地下」とすると、正しい文になります。

2) 3　初めての町で道がわからなくて、うろうろしました。

As I was new in the town and did not know my way about, I just wandered around. ／在第一次到访的城市因为不认识路，我迷惘徘徊。／ Tôi không biết đường ở thị trấn mới đến lần đầu nên đi lòng vòng.

➡「うろうろ」は、どこへ行ったらいいか、わからなくて迷っている様子です。1は「ぶらぶら」、2は「ふらふら」、4は「どきどき」とすると、正しい文になります。

4. 1) 3　　2) 3

5. 1) 1　➡3「回（カイ、まわ・す、まわ・る）」➡28回目　　2) 2

20 回目　　　　　　　　　　　　　　　　　p.40 〜 p.41

I. 1) 5歳のとき、家が火事になったが、（　3　当時　）のことはあまり覚えていない。

When I was five years old, our house suffered a fire, but I do not remember very much about that time. ／我 5 岁时家里发生了火灾，但当时的情形我记不清了。／ Lúc tôi 5 tuổi là nhà tôi bị cháy nhưng tôi lại không nhớ rõ chuyện lúc đó cho lắm.

2) 学生の夏休みのように、（　4　長期　）の休みが取れたら何をしたいですか。

If you took a long holiday, like a college summer break, what would you want to do? ／要是能休像学生的暑假那样的长假，你打算做什么呢？／ Nếu có được kỳ nghỉ dài hạn, giống kỳ nghỉ hè của học sinh, thì bạn muốn làm gì?

3) だんだん空が明るくなって、夜が（　1　明けて　）きた。

The sky gradually cleared, and dawn began to break. ／天空渐渐明亮了起来，天亮了。／ Bầu trời dần sáng lên và đêm chuyển sang ngày.

➡「夜が明ける」は、朝になり、空が明るくなっていく様子です。「夜が明ける」とも言います。

28

4) わたしの仕事は、土日は休みですが、（　3　平日　）はとても忙しいです。

I get Saturdays and Sundays off in my job, but weekdays are very busy.／我的工作周末虽然休息，但是平时非常忙。／Công việc của tôi tuy được nghỉ vào thứ Bảy và Chủ nhật nhưng ngày thường vô cùng bận rộn.

➡「土日」とは、「土曜日と日曜日」という意味です。

5) 失敗しないように、（　2　今後　）の計画をもう一度考えましょう。

Let us rethink our future plans, so as to avoid failure.／为了避免失败，你重新考虑一下今后的计划吧。／Chúng ta hãy cùng suy nghĩ kế hoạch cho sau này một lần nữa để không thất bại.

2. 1) 3　その日

大切なテストがあったのに、当日寝坊してしまって受けられなかった。

There was an important test, but I missed it as I overslept on that day.／虽然有个重要的考试，但是当天我睡过头了，最终没能参加。／Tôi có bài kiểm tra quan trọng, thế mà hôm đó lại ngủ quên nên không vào dự được.

2) 3　過ぎる

時間がたつのを忘れるぐらい、この本はおもしろいですよ。

This book is so interesting that you forget the passage of time.／这本书很有趣，阅读时你都会忘记时间。／Cuốn sách này hay đến mức khiến mình quên thời gian trôi luôn đó.

3. 1) 1　もう9時なので、そろそろパーティーはおしまいにしましょう。

It is nine o'clock, so let's slowly bring this party to an end.／已经9点了，派对该结束了吧?／Đã 9 giờ rồi nên ta chuẩn bị kết thúc bữa tiệc thôi.

➡2は「売り切れ：Being sold out／售罄，没有库存／sự bán hết」、3は「締め切り」、4は「最後」とすると、正しい文になります。

2) 3　開会式が始まる時刻は、午後2時だそうです。

I heard that the opening ceremony begins at two o'clock in the afternoon.／听说开幕式是下午2点开始。／Nghe nói giờ bắt đầu lễ khai mạc là 2 giờ chiều.

➡1は「期間」、2は「時間」、4は「間」とすると、正しい文になります。

4. 1) 3　➡1「時間」、2「時期」、4「事故」　2) 2

3) 1　➡2「遅れる」、3「疲れる」、4「呼ぶ」➡24回目

4) 1　➡2「休暇」、3「時間」、4「季節」

5. 1) 1　　2) 3　➡1〜4「在（ザイ）」

3) 2　➡3「記（キ、しる・す）」　4) 2

やってみよう

1) 取_とれない　　2) かけた　　3) 当_あたって　　4) 振_ふられた

I. 1) 今度_{こんど}の土曜_{どよう}は都合_{つごう}が（　2　付_ついた　）から、ボランティアに参加_{さんか}することにした。

This coming Saturday is convenient for me, so I will take part in volunteer activities. ／本周周六我时间方便，所以决定参加志愿者活动。／ Tôi đã thu xếp được thứ Bảy tới nên quyết định tham gia hoạt động tình nguyện.

2) 試験合格_{しけんごうかく}という目標_{もくひょう}を（　3　立_たてて　）勉強_{べんきょう}している。

I am studying to meet the goal I set of passing the examination. ／我定下了通过考试的目标，正在备考。／ Tôi đang học với mục tiêu đã đề ra là đậu kỳ thi.

3) 選手_{せんしゅ}は試合_{しあい}の後_{あと}、応援_{おうえん}してくれた人_{ひと}たちに手_てを（　2　振_ふった　）。

After the match, the athletes waved to their supporters. ／比赛结束后，运动员们向给自己加油的人挥手致意。／ Sau trận đấu, tuyển thủ vẫy tay với những người cổ vũ mình.

4) あしたは3時_じからの会議_{かいぎ}に（　4　出_でなければ　）なりません。

Tomorrow, I have to attend a meeting that starts at three o'clock. ／我明天必须参加下午3点开始的会议。／ Ngày mai tôi phải tham dự cuộc họp bắt đầu từ 3 giờ.

➡会議_{かいぎ}に出_でる＝会議_{かいぎ}に出席_{しゅっせき}する

5) 駅_{えき}の前_{まえ}で、女_{おんな}の人_{ひと}がこの紙_{かみ}を（　1　配_{くば}って　）いましたよ。

A woman handed out this leaflet in front of the station. ／在车站前面，一位女子正在分发这张纸。／ Một người phụ nữ đã đứng phát tờ giấy này trước nhà ga.

2. 1) 2　卒業_{そつぎょう}して

わたしの父_{ちち}は、学校_{がっこう}を出_でてから40年_{ねんはたら}働いているそうです。

I gather that my father has worked for 40 years since leaving school. ／听说我父亲从学校毕业后工作了40年。／ Tôi nghe kể cha tôi đã làm việc 40 năm từ khi ra trường đến nay.

2) 2　考_{かんが}えました

友達_{ともだち}と京都_{きょうと}に行_いく計画_{けいかく}を立_たてました。

I planned to go to Kyoto with friends. ／我计划和朋友一起去京都。／ Tôi đã lên kế hoạch đi Kyoto cùng bạn bè.

3. 1) 1　ソファーで寝_ねている弟_{おとうと}に、毛布_{もうふ}をかけた。

I put a blanket over my brother, who was sleeping on the sofa. ／弟弟睡在沙发上，我给他盖了毛毯。／ Tôi đắp chăn cho em trai đang ngủ trên sô-pha.

➡2は「しまって」、3は「まとめて」「分_わけて」、4は「入_いれた」とすると、正_{ただ}しい文_{ぶん}になります。

30

2) 3　友達が投げたボールが、体に当たってしまって痛い。

I was hit by a ball thrown by a friend, and it hurts. ／朋友投过来的球打到了我身上，很疼。／ Quả bóng bạn ném trúng vào người tôi đau điếng.

⇒ 1は「もらった」、2は「たたいて（➡22回目）」、4は「就職して」「入って」とすると、正しい文になります。

4.　1)　1　⇒ 2「浮く」、3「拭く」、4「置く」
　　2)　3　⇒ 1「切る」、2「配る」、4「持つ」

5.　1)　1　⇒ 2「記（キ、しる・す）」　　2)　4

---

22 回目　　　　　　　　　　　　　　　p.44 〜 p.45

I.　1) 学校から（　3　受け取った　）書類をなくしてしまった。

I lost the documents that I received from the school. ／我把从学校领取的文件弄丢了。／ Tôi lỡ làm mất giấy tờ nhận từ trường.

2) 彼は足を（　3　組んで　）いすに座った。

He sat down in the chair and crossed his legs. ／他翘着腿坐在椅子上。／ Ông ta ngồi ghế, chân bắt chéo.

3) 犬が庭におもちゃを（　1　うめて　）います。

The dog is burying the toy in the garden. ／小狗正在把玩具埋到院子里。／ Con chó đang chôn đồ chơi trong vườn.

4) あそこの公園の運動場は、周りを木に（　2　かこまれて　）います。

The playground in that park is surrounded by trees. ／那边公园里的运动场四周被树木包围。／ Sân thể thao trong công viên đằng kia được bao quanh bởi cây cối.

2.　1) 3　遠いところに行って
　　　生まれた町から離れて、生活しています。

I moved away from the town where I was born and now live in another place. ／我离开了我出生的城市，在外地生活。／ Tôi đang sống xa thị trấn nơi mình sinh ra.

2) 2　誰にも見られないように、しまった
　　　テストの結果がよくなかったので、かばんに隠した。

Because the exam results were not good, I hid them in my bag. ／我考试考得不太好，所以把卷子藏在书包里。／ Kết quả bài kiểm tra không tốt nên tôi giấu nó trong cặp.

3.

1）3　庭に穴を掘ってから、木を植えましょう。

Let us dig holes in the garden and then plant trees there. ／在院子里挖个坑种上树吧。／ Cùng đào hố trong vườn rồi trồng cây nào.

➔ 1は「出して」、2は「壊して」、4は「開けて」とすると、正しい文になります。

2）3　夜遅くに、急にドアをたたく音がしてびっくりした。

Late at night, I was surprised to hear the sound of somebody suddenly knocking at the door. ／深夜里突然响起了敲门声，我吓了一跳。／ Tôi giật mình vì bất chợt có tiếng gõ cửa giữa đêm khuya.

➔ 1は「押す」、2は「ぶつかった：Crash into, collide with ／撞上，碰撞／ đụng vào」、4は「蹴って：Kick ／踢／ đá」とすると、正しい文になります。

4.

1）2　➔ 1「遊ぶ」➔30回目、3「叫ぶ」➔24回目、4「呼ぶ」➔24回目

2）3　➔ 1「決める」、2「見せる」、4「知る」

3）4　➔ 1「宿題」、2「練習」、3「目的」➔27回目

4）1　➔ 2「靴」、3「皿」、4「服」

5.

1）2　　2）1　➔ 1～4「留（ル、リュウ）」

3）3　　4）1　➔ 3「細（サイ、ほそ・い）」

23 回目

I.

1）10年後、自分がどんな生活をしているか全く（　3　想像　）できない。

I cannot imagine at all how I will be living in 10 years' time. ／我完全无法想象自己10年后过着怎样的生活。／ Tôi hoàn toàn không tưởng tượng được 10 năm nữa mình sẽ sống như thế nào.

2）みんなに言われてやっと、彼は自分の間違いを（　3　認めた　）。

He finally admitted his mistake after being told about it by everybody. ／被大家说了之后他才终于承认了自己的错误。／ Sau khi bị mọi người phê bình, cuối cùng anh ta cũng đã thừa nhận lỗi sai của mình.

3）あの人が話したことはうそだったのに、全員が（　2　信じて　）しまった。

Although the things that person said were lies, everybody believed them. ／他说的是谎话，但大家却相信他。／ Chuyện hắn ta kể là dối trá thế mà mọi người đều tin.

4）父は病気になったとき、もうたばこは吸わないと（　2　決心　）したそうだ。

When my father fell ill, I gather he resolved never to smoke again. ／听说父亲生病后下决心再也不抽烟了。／ Nghe nói khi bị bệnh cha tôi đã quyết tâm không hút thuốc nữa.

5）家族が見ているテレビが気になって、宿題に（　1　集中　）できない。

I cannot concentrate on my homework because the television programs the family are watching are bothering me. ／我被家人看的电视所吸引，无法集中注意力做作业。／ Tôi không tập trung làm bài tập được vì chú ý đến tivi cả nhà đang xem.

2. 1）　2　考え

みんなの意見をまとめて、レポートを書いた。

I summarized everybody's opinions and wrote a report. ／我把大家的想法整理一下，写成了报告。／ Tôi thống nhất ý kiến của mọi người rồi ghi vào bản báo cáo.

2）　1　アイディア

来月のパーティーについて、二つか三つ、案を考えましょう。

Let us consider two or three proposals for next month's party. ／关于下个月的派对想好想两到三个方案吧。／ Cùng nhau nghĩ ra hai hoặc ba kế hoạch cho buổi tiệc tháng sau nào.

✦ 3 「メニュー：Menu ／菜单／ thực đơn」

3. 1）　4　他の人の言うことをすぐに疑うのはよくないよ。

It is not good to immediately doubt what others say. ／对他人的话语马上产生怀疑，这是不好的。／ Nghi ngờ ngay lời nói của người khác là không tốt đâu.

✦ 1は「思います」、2は「注意した」、3は「迷って」とすると、正しい文になります。

2）　3　話さないと約束していたのに、他の人にうっかり話してしまった。

I promised not to blab, but I inadvertently told another person. ／虽然约好了不说出去，但我还是一不留神告诉了别人。／ Tôi đã hứa không kể nhưng lại bất cẩn kể cho người khác mất.

✦「うっかり」は「注意が足りなくて、あまり考えないで」何かしてしまったときに使います。1、2、4は「しっかり」とすると、正しい文になります。

4. 1）2　　2）1　　✦ 2「知る」、3「迷う」、4「分かる」

3）4

4）4　　✦ 1「返す」、2「直す」、3「戻す：Return, put back ／放回，还原／ để lại, trả lại」

5. 1）1　　2）3　　3）2

4）1　　✦ 1～4「側（ソク、がわ）」、4「表（ヒョウ、あらわ・す、おもて）」
➔24回目

24 回目　p.48 ～ p.49

1. 1) 彼が学校を辞めるという（　3　うわさ　）が、学校中に広がっている。

The rumor that he is going to drop out is spreading around the college. ／学校里流传着他要辞职的谣言。／ Lời đồn cậu ta sẽ bỏ học lan đi khắp trường.

2) 今晩、卒業後のことについて、両親と（　3　話し合う　）つもりだ。

I plan to discuss with my parents what I will do after graduating. ／今晩我打算和父母商量一下毕业后的出路。／ Tôi dự định tối nay sẽ nói chuyện với cha mẹ về chuyện sau khi tốt nghiệp.

3) 大学で、学生たちがボランティアへの参加を（　4　呼びかけて　）いた。

At the university, students were urging people to join volunteer activities. ／在大学里，学生们曾经一直呼吁人们参加志愿者活动。／ Ở trường đại học, các sinh viên kêu gọi tham gia hoạt động tình nguyện.

4) 歌が下手だと言ったのは、ただの（　3　じょうだん　）のつもりだったんです。

I was only joking when I said that you could not sing well. ／我原本只是想开个玩笑，说歌儿唱得不好。／ Tôi chỉ có ý nói đùa khi nói bạn hát dở thôi mà.

5) 自分の気持ちを言葉で（　1　表す　）のは、難しいです。

It is difficult for me to put my feelings into words. ／很难用语言表达自己的心情。／ Thật khó để diễn đạt tình cảm của mình bằng lời nói.

2. 1) 2　とても上手だ

あの人はフランス語がぺらぺらだそうですよ。

I hear that person can speak French fluently. ／听说他法语流利。／ Nghe nói người kia thành thạo tiếng Pháp lắm đó.

2) 3　教えて

ここまでできたら、報告してくださいね。

When you have got to that point, please send a report, OK? ／完成到这一步的话请告诉我哦。／ Khi làm được đến đây thì hãy thông báo cho tôi biết nhé.

✦「報告する」は、あることをするように言われた人が、今の状態や結果を伝えることを表します。

3. 1) 3　大学に合格できなかったわたしを、母は優しく慰めてくれた。

After failing to get into university, I was comforted by my mother. ／我没有考上大学，母亲温柔地安慰了我。／ Mẹ tôi đã dịu dàng an ủi khi tôi thi rớt đại học.

✦ 1は「片付けた」、2は「楽です」、4は「休ませましょう」とすると、正しい文になります。

2) 2　となりの家のおじいさんが、いたずらをした男の子を怒鳴った。

The old man next door yelled at the boy who played a prank. ／邻居家的老爷爷呵斥了调皮的男孩儿。／ Ông cụ nhà bên cạnh đã thét mắng đứa bé trai bày trò nghịch phá.

✦ 1は「歌って」、3は「サイレンを鳴らし：Sound a siren／鸣警笛／mở còi báo hiệu」、4は「叱られた」「注意された」とすると、正しい文になります。

4. 1) 2　2) 4

3) 2　✦ 1「褒める」、3「決める」、4「叱る」

4) 4　✦ 1「申し込む」、2「選ぶ」、3「叫ぶ」

5. 1) 1　2) 2　3) 3　✦ 1～4「報（ホウ）」　4) 1

25 回目　p.50 ～ p.51

やってみよう

1) 説明　2) 仕事　3) 光　4) 色

1. 1) いい生活をしている人が（　1　うらやましい　）です。

I envy those who live well.／我羡慕那些生活幸福的人。／Những người có cuộc sống tốt đẹp thật đáng ghen tị.

2) ここは（　4　緩い　）坂だから、自転車でも簡単に登れる。

This slope is so gentle that I can even climb it easily on a bicycle.／这个坡道很缓，骑自行车也能轻松爬上。／Con dốc này chỉ thoai thoải nên xe đạp cũng dễ dàng lên được.

3) あの人は（　1　おとなしくて　）、クラスの友達ともあまり話しません。

That student is quiet by nature, and doesn't talk much with classmates.／那个人很沉稳，和班里的朋友也不太说话。／Người kia tính trầm lặng, ít nói chuyện cả với bạn cùng lớp.

4) 空が暗くなって、急に（　4　はげしい　）雨が降ってきた。

The skies darkened, and suddenly a heavy rain began falling.／天空暗下来，突然下起了暴雨。／Trời tối đi và một cơn mưa lớn bất chợt đổ xuống.

5) 昨日はサッカーの試合に負けて、とても（　1　くやしかった　）。

I felt really cut up about the football loss yesterday.／昨天足球比赛输了，我非常不甘心。／Hôm qua chúng tôi vô cùng tiếc nuối vì đã để thua trận bóng.

2. 1) 2　よく切れる

このナイフは鋭いので、使うときに気をつけてください。

Please take care when using this knife because it is sharp.／这把刀很锋利，使用时请小心。／Con dao này sắc nên khi dùng phải cẩn thận nhé.

2) 1　お金がなかった

小さいころから、彼女の家は貧しかった。

Her household was poor right from her childhood days. ／从小时候开始，她家就很贫穷。／ Cô ấy nhà nghèo từ khi còn nhỏ.

3.　1) 3　窓から入る光がまぶしいので、カーテンを閉めましょう。

Let us draw the curtains, as the light coming through the window is dazzling. ／从窗户射入的光线太刺眼，拉上窗帘吧。／ Nắng chiếu qua cửa sổ chói quá nên ta kéo màn lại nào.

➡ 1と4は「明るい」、2は「光っていて」とすると、正しい文になります。

2) 1　太ってしまったから、去年のスカートがきつくて、はけません。

Because I have put on weight, the skirt I wore last year is now too tight and I cannot get it on. ／我长胖了，去年的裙子变紧了，穿不进去了。／ Tôi béo lên nên cái váy năm ngoái bị chật, không mặc được nữa.

➡ 2は「固く」、3は「強くて」、4は「ぴったりだった：(Fit) perfectly ／正合适／ hợp, vừa khít」とすると、正しい文になります。

4.　1) 2　➡ 1「親しい」、3はひらがなで書きます。4「鋭い」

2) 2

5.　1) 4　　2) 1

やってみよう

1) 人　2) 問題　3) 野菜　4) 坂

I.　1) 歩くだけの（　3　単純な　）運動でも、健康にいいですよ。

Even though walking is a simple activity, it is good for your health. ／即使是纯粹走路这样的简单运动也有益于身体健康。／ Ngay cả kiểu vận động đơn giản là đi bộ cũng tốt cho sức khỏe nữa đấy.

2) この仕事は少し（　4　面倒　）なので、みんなで分けたほうがいいと思う。

This job is a drag, so I think it would be wise to divide it up among all of us. ／这个工作有点儿费事儿，最好大家一起分担。／ Công việc này hơi phiền phức nên tôi nghĩ ta nên chia đều cho mọi người.

➡「面倒な仕事」というのは、するのに時間がかかったり、大変だったりする仕事のことです。

3) （　2　急な　）用事ができてしまったので、あしたは休ませていただきます。

An urgent matter has cropped up, so I will take a rest tomorrow. ／我有急事，明天请假。／ Tôi có việc đột xuất nên xin phép nghỉ ngày mai ạ.

4) これはわたしが直接確認した、（　3　確かな　）情報です。

This is reliable information that has been confirmed by me personally. ／这条信息我直接核实过，是准确的。／ Đây là thông tin xác thực do tôi trực tiếp xác nhận.

5) 色もデザインも派手じゃない、（　4　シンプルな　）服が好きです。

I like simple clothes that are not flashy in color or design. ／衣服不管是颜色还是设计，我都不喜欢花哨的，而喜欢朴素的。／ Tôi thích quần áo đơn giản, không lòe loẹt về màu sắc và kiểu dáng.

➤ 3「オーバーな」➡29回目

2. 1) 3　ぜんぶの

やせようと思って、あらゆる方法を試してみたが、だめだった。

I tried all kinds of methods to lose weight, but nothing worked. ／我想减肥，尝试了所有方法，结果还是不行。／ Tôi muốn giảm cân nên đã thử hết các phương pháp nhưng vẫn thất bại.

2) 1　うそをつかないで

自分の間違いに気がついたら、正直に言ってください。

If you notice that you have made a mistake, please say so honestly. ／发现自己的错误的话，请坦白地说出来。／ Nếu đã nhận ra lỗi sai của mình thì hãy thành thật nói ra.

3. 1) 2　新しい商品がぜんぜん売れないことは、重大な問題です。

The failure to sell any new products at all is a major problem. ／新商品完全卖不动，这是个严重的问题。／ Việc sản phẩm mới hoàn toàn không bán được là vấn đề nghiêm trọng.

➤「重大」は「非常に大きな」という意味ですが、「問題・責任・事件」など が普通ではなく、大変な結果になるかもしれないことに使います。「重大な」 を、1は「大事な」、3は「重い」、4は「大きい」「背が高い」とすると、正 しい文になります。

2) 3　今日の主なニュースをお知らせします。

Here are some of the main news stories today. ／下面播报今天的主要新闻。／ Tôi xin thông báo tin tức chính của hôm nay.

➤ 1は「にぎやか」、2は「重大」、4は「大切」とすると、正しい文になります。

4. 1) 2　　2) 4

5. 1) 1　　2) 2

やってみよう

1) たった　　2) そっくり　　3) ぼんやり　　4) 積極的に　　5) ずいぶん

Ⅰ. 1) 20年前と比べて、この町は（　2　ずいぶん　）大きくなったなあ。

This town has really expanded since 20 years ago, hasn't it? ／与20年前相比，这座城市扩大了很多。／ Thị trấn này to lớn hơn nhiều so với 20 năm trước nhỉ.

2) この後も部屋を使うので、エアコンは（　4　そのまま　）つけておいてください。

Please leave the air conditioning on, as I am going to be using that room later. ／之后我还要使用这个房间，空调请那样放着不要关闭。／ Lát nữa tôi sẽ sử dụng phòng nên làm ơn cứ để máy điều hòa mở như thế.

3) 息子は（　3　たった　）半年の間に5センチも背が高くなった。

My son has grown 5 cm in only six months. ／仅仅半年时间儿子就长高了5厘米。／ Chỉ trong nửa năm mà con trai tôi đã cao thêm 5cm.

4) 今年は（　2　絶対に　）試験に合格したいので、がんばって勉強しないと。

I am determined to pass the examination this year, so I have to really study hard. ／我今年一定要通过考试，因此必须努力学习了。／ Tôi muốn thi đậu trong năm nay nên phải cố gắng học hành thôi.

5) 今夜は勉強するということは、（　4　つまり　）映画は見ないということですね。

Studying tonight means the same as not watching movies, doesn't it? ／今晚要学习，也就是说不看电影了，是吧? / Nói tối nay sẽ học bài, nghĩa là không xem phim nhỉ.

2. 1) 2　さっぱり

今日のテストは難しくて、全くわからなかった。

Today's test was so difficult that I just didn't understand anything at all. ／今天的考试太难了，我一点儿都不会。／ Bài kiểm tra hôm nay khó nên tôi không hiểu gì cả.

2) 3　静かに

彼は部屋からそっと出ていった。

He softly left the room. ／他悄悄地从房间里走了出去。／ Anh ta khẽ khàng ra khỏi phòng.

3. 1) 1　わたしは、なるべく毎日、日本語を勉強するようにしています。

I am trying to study Japanese every day if I can. ／我尽量每天坚持学习日语。／ Tôi cố gắng ngày nào cũng học tiếng Nhật.

➡2は「一生懸命」、3は「だいたい」、4は「絶対に」とすると、正しい文になります。

2) 4　どの料理もとてもおいしくて、さすがプロの料理人ですね。

Every dish is really delicious — it's the kind of cooking you would expect of a professional chef. ／每一道菜都非常好吃, 不愧是专业厨师。／ Không hổ danh đầu bếp chuyên nghiệp, món nào cũng rất ngon.

 ➹1は「全く」、2は「たった」、3は「やはり」「やっぱり」とすると、正しい文になります。

4.　1）2　　2）2

5.　1）3　➹4「宿（シュク、やど）」　2）1　➹1〜4「対（タイ、ツイ）」

やってみよう

1）たまたま　　2）まあまあ　　3）ぐらぐら　　4）ばらばら

1. 1）夕方になって、コンサート会場は（　4　ますます　）人が多くなってきた。

In the early evening, the concert hall gradually filled up. ／到了傍晚, 音乐会的会场中人越来越多。／ Đến chiều tối, hội trường buổi hòa nhạc càng lúc càng đông người.

2）缶の中に小さい石が入っていて、（　1　からから　）と音がします。

A small stone has been put into the can, and it is making a rattling sound. ／罐子里有小石头, 发出咣啷咣啷的声音。／ Trong lon có viên đá nhỏ nên phát ra tiếng lạch cạch.

3）準備に2か月かかったスピーチ大会が（　3　いよいよ　）始まります。

At last, the speech competition for which I have been preparing for two months is starting. ／花费两个月筹备的演讲大赛即将开始了。／ Hội thi hùng biện mất 2 tháng để chuẩn bị sắp sửa bắt đầu.

4）いい天気だったのに、（　4　突然　）空が暗くなって、雨が降ってきた。

Although the weather had been good, the sky suddenly darkened and it began to rain. ／原本天气很好, 突然天空暗了下来, 下起了雨。／ Lúc nãy thời tiết đẹp mà đột nhiên bầu trời tối sầm lại rồi mưa trút xuống.

5）天気予報によると、この雪は（　3　まだまだ　）やまないらしい。

According to the weather forecast, it does not look as though this snow is going to stop just yet. ／听天气预报说, 这场雪还不会停。／ Dự báo thời tiết nói tuyết vẫn chưa ngừng rơi đâu.

2. 1）3　やっと

　　病院で1時間待って、ようやく自分の番が来た。

After a one-hour wait at the hospital, my turn at last came. ／在医院里等了一个小时, 终于轮到了自己。／ Sau một tiếng chờ đợi ở bệnh viện, cuối cùng cũng đến lượt mình.

2) 4　前に

以前先生の家に伺ったときに、彼女と知り合ったんです。

I got to know her when I was visiting the teacher's home earlier. ／以前我去老师家里拜访的时候，和她相识了。／ Tôi quen cô ấy trong lần đến nhà giáo viên lúc trước.

3. 1) 2　新しいパソコンを買ったので、早速使ってみた。

Having bought a new computer, I quickly tried it out. ／我买了台新电脑，马上用用看。／ Tôi mua máy vi tính mới nên nhanh chóng mang ra dùng thử.

➡「早速」は「何かがあってそのあとすぐに」という意味です。1、3は「早く」、4は「もう」とすると、正しい文になります。

2) 1　この町は、新しいビルが次々と建てられている。

In this town, new buildings have been going up like mushrooms after rain. ／这座城市里不断建起了新的建筑。／ Nhiều tòa nhà mới đang lần lượt được xây dựng ở thị trấn này.

➡2は「どんどん」、3は「ずっと」、4は「よく」とすると、正しい文になります。

4. 1) 4　　2) 4

5. 1) 3　　2) 1

29 回目　　p.58 ～ p.59

I. 1) あの店は、料理がおいしいし（　1　サービス　）もいいので人気がある。

This restaurant is popular because the food is delicious and the service is good. ／这家店饭菜好吃，服务也好，所以很受欢迎。／ Quán ăn kia món ăn ngon, dịch vụ lại tốt nên rất được yêu thích.

2) 高田さんが電話に出ないので、（　3　メッセージ　）を残しておいた。

Mr. Takada didn't answer the phone, so I left a message. ／高田不接电话，所以我给他留了短信。／ Anh Takada không nghe máy nên tôi đã để lại lời nhắn.

3) 日本語で（　3　コミュニケーション　）ができるようになって、うれしいです。

I'm glad that I'm now able to communicate in Japanese. ／我能够用日语和别人交流了，非常高兴。／ Tôi vui vì mình đã có thể giao tiếp bằng tiếng Nhật.

4) マラソン選手が（　2　コース　）を間違えて、走っていってしまった。

The marathon runner made a mistake and ran along the wrong route. ／马拉松运动员跑错了路线。／ Vận động viên ma-ra-tông đã chạy nhầm lộ trình.

5) テーブルといすの（　3　セット　）を買った。

I bought a set of table and chairs. ／我买了整套的桌子和椅子。／ Tôi đã mua bộ bàn và ghế.

2. 1) 3　取り消した

仕事が入ってしまったので、病院の予約をキャンセルした。

I cancelled my appointment at the hospital as a job had come in. ／我被安排了工作，所以取消了医院的预约。／ Do vướng công việc nên tôi đã hủy đặt hẹn ở bệnh viện.

✨予約、約束、注文などをやめるときは、「取り消す」を使います。コンサートや試合などのイベントをやめるときは「中止する」を使います。

2) 4　始まる

あと5分で、サッカーの試合がスタートする。

The soccer match will start in another five minutes. ／再过5分钟足球比赛即将开始。／ Còn 5 phút nữa là trận bóng đá sẽ bắt đầu.

3. 1) 2　ワンさんは、スピーチで決められた時間を5分もオーバーした。

Mr. Wang talked for fully five minutes longer than his allotted slot. ／小王的演讲比规定时间超出了5分钟。／ Anh Wang vượt quá 5 phút so với giờ hùng biện quy định.

✨1は「買い物がオーバーして」ではなく「たくさん買い物をして」「買い物をしすぎて」、3は「食事がオーバーしても」ではなく「たくさん食べても」「食べすぎても」など、4は「火がオーバーして」ではなく「火が強すぎて」とすると、正しい文になります。

2) 1　うちの近くに、新しいスーパーがオープンするらしい。

It looks like a new supermarket is going to open in my neighborhood. ／听说我家附近新开了家超市。／ Nghe nói gần nhà sắp khai trương siêu thị mới.

✨「オープンする」を、2は「始まる」、3は「招待されていない人が入ってもいい」「無料」など、4は「切る」「開く」などとすると、正しい文になります。

4. 1) 4　✨1「押す」、2「貸す」、3「落とす」

2) 1　✨2はひらがなで書きます。3「辛い」、4「白い」

3) 4　✨1「教える」、2「覚える」、3「答える」

4) 4

5. 1) 2　　2) 3　　3) 2　✨1、3「体」も「テイ」と読むことができます。

4) 4

やってみよう

1)　試合　　2)　印象　　3)　切符

I.　1)　あの歌手は人気があって、コンサートの（　3　チケット　）がなかなか買えない。

The singer is so popular, it's hard to buy concert tickets. ／那位歌手很受欢迎，他的音乐会门票很难买到。／ Ca sĩ kia rất được mến mộ nên vé xem biểu diễn khó mua được lắm.

2)　手をきれいに洗ってから、乾いた（　2　タオル　）でふきました。

After washing my hands, I wiped them on a dry towel. ／我把手洗干净之后用干毛巾擦了。／ Tôi rửa tay sạch rồi lau bằng khăn khô.

➪1「エアコン：Air-conditioning ／空调／ máy điều hòa」

3)　車の（　2　カタログ　）を見ていたら、買いたくなってきてしまった。

After looking at the new car catalogue, I felt like buying something. ／我看了汽车的产品目录之后，想买汽车了。／ Vì cứ xem ca-ta-lô xe hơi nên thành ra tôi muốn mua xe luôn.

4)　ハメスが（　2　キャプテン　）になってから、あのサッカーチームは強くなった。

After James became captain, that soccer team got stronger. ／哈美斯当上队长之后，那支足球队实力增强了。／ Từ khi James trở thành đội trưởng là đội bóng kia cũng mạnh hơn trước.

➪3「ダイエット：Diet ／瘦身，减肥／ sự ăn kiêng, chế độ ăn kiêng」、4「ハンサム：Handsome ／潇洒，帅气／ đẹp trai」

5)　もっと速く走れるように、毎日（　4　トレーニング　）しています。

I am doing training every day so I can run faster. ／我每天坚持训练，为了能够跑得更快。／ Tôi tập luyện mỗi ngày để có thể chạy nhanh hơn nữa.

2.　1)　2　切符

チケットを持っていますか。

Do you have a ticket? ／你有票吗？／ Bạn có vé chưa?

2)　4　問題

わたしは最近、人間関係のトラブルで悩んでいる。

I've been having trouble with my personal relationships lately. ／我最近因人际关系方面的不愉快而烦恼。／ Dạo này tôi phiền muộn vì các rắc rối trong mối quan hệ với người khác.

3. 1) 4　暑^{あつ}くなったので、子^こどもたちの髪^{かみ}を短^{みじか}くカットした。

Because the weather has got warmer, I have cut the children's hair short. ／天气变热了，所以我把孩子们的头发剪短了。／ Trời nóng lên nên tôi cắt ngắn tóc của tụi nhỏ.

➡「カットする」を1は「おしまいにする」「おわりにする」、2は「消^けす」、3は「首^{くび}にされる：Be sacked ／被开除，被辞退／ bị đuổi việc」とすると、正^{ただ}しい文^{ぶん}になります。

2) 1　そのドレス、ちょっと変^かわったデザインですね。

This dress has a slightly unusual design, don't you think? ／那件礼服设计有点儿独特啊。／ Cái áo đầm đó có kiểu dáng lạ nhỉ.

➡2と3は「計画^{けいかく}」、4は「すてきなデザイン」とすると、正^{ただ}しい文^{ぶん}になります。

4. 1) 2　　2) 1

5. 1) 1　　2) 1

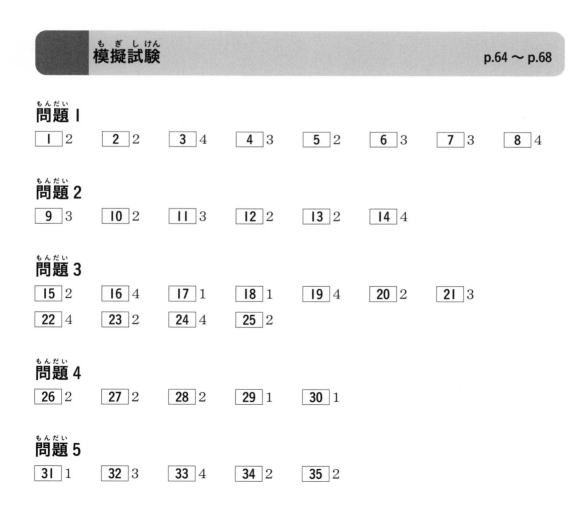

模擬試験^{もぎしけん}　　　　　　　　　　　　　　　　p.64 ～ p.68

問題^{もんだい} 1

| 1 | 2 | | 2 | 2 | | 3 | 4 | | 4 | 3 | | 5 | 2 | | 6 | 3 | | 7 | 3 | | 8 | 4 |

問題^{もんだい} 2

| 9 | 3 | | 10 | 2 | | 11 | 3 | | 12 | 2 | | 13 | 2 | | 14 | 4 |

問題^{もんだい} 3

| 15 | 2 | | 16 | 4 | | 17 | 1 | | 18 | 1 | | 19 | 4 | | 20 | 2 | | 21 | 3 |
| 22 | 4 | | 23 | 2 | | 24 | 4 | | 25 | 2 |

問題^{もんだい} 4

| 26 | 2 | | 27 | 2 | | 28 | 2 | | 29 | 1 | | 30 | 1 |

問題^{もんだい} 5

| 31 | 1 | | 32 | 3 | | 33 | 4 | | 34 | 2 | | 35 | 2 |